Interlinguistica e Interlingua

Discursos public

per

Ingvar Stenström e Leland B. Yeager

Societate Svedese pro Interlingua

2009

Interlinguistica e Interlingua
2009, secunde edition revisionate de
"Tema: Interlinguistica e Interlingua" 1991
© Ingvar Stenström e Leland B. Yeager

ISBN 978-91-977066-4-3

*Distribuite con subvention de Lundborgska Ido-fonden,
a que se dirige nostre gratitude.*

Editor: Societate Svedese pro Interlingua (SSI)
Layout e correction: Bent Andersen
Impression: Lulu (Print-On-Demand), www.lulu.com

Autores:

Fil. mag. Ingvar Stenström
Vegagatan 12
SE-432 36 Varberg (Svedia)
secretario@interlingua.nu

Prof. Leland B. Yeager
145 East Magnolia Avenue, #307,
Auburn, AL 36830 (SUA)
lbyeager@charter.net

Union Mundial pro Interlingua (UMI)
    www.interlingua.com
Periodico: Panorama in interlingua
    www.interlingua.com/panorama, panorama@interlingua.com
Litteratura: Servicio de Libros UMI
    www.interlingua.com/libros, libros@interlingua.com

Prefacio

Preparar discursos public exige multe recerca e labor, e quando le autor constata le facto regrettabile que un considerabile parte del humanitate es *absente* in su auditorio, ille accepta con satisfaction le opportunitate de publicar los in forma imprimite pro attinger etiam le absentes...

Le presente opusculo ha le scopo de presentar nostre analyses de alcun aspectos de problemas interlinguistic e del utilisationes practicate o potential de Interlingua.

Le prime discurso, serviente como un sorta de introduction, es un presentation in anglese, a AILA 81, le 6-e Congresso International de Linguistica Applicate, in Lund, Svedia, in le anno 1981, del historia de Interlingua. Le discursos sequente esseva omnes presentate al Conferentias International del Union Mundial pro Interlingua (UMI). Durante iste conferentias se incontra le Consilio de UMI e un numero restringite de collaboratores active, dunque il non se tracta de grande congressos.

Il es nostre spero que iste discussiones pote esser interessante etiam pro linguisticos professional, considerante le probabilitate que interlinguistica essera in le futuro un specialitate plus importante del linguistica applicate que hodie.

Prof. Leland B. Yeager es professor de scientias economic al Universitate de Auburn, Alabama, S.U.A., e autor de plus que 100 publicationes de su specialitate. Sed Dr. Yeager es etiam un polyglotto remarcabile e un interlinguistico habilissime, e io me senti honorate per su permission de includer duo de su discursos re interlinguistica.

Le protagonistas de Interlingua es conscie del facto que le introduction de un idioma international non va "salvar le mundo", non mesmo ab omne problemas linguistic, sed nos es certe que Interlingua es *un* contribution efficace al solution de multe problemas de communication.

Pro un persona non-initiate a Interlingua, qui lege iste textos, le sol question relevante *post* le lectura es, *si* o *non* le lector ha recipite le information que nos vole transmitter!

Nostre gratias cordial a Sres. Bent Andersen e Arne Pedersen pro haber apprestate le typografia de iste libro!

Ingvar Stenström

Contento

Abstract from Proceedings I of AILA 81.
(The 6th International Congress of Applied Linguistics,
Lund, Sweden, 1981).

Ingvar Stenström

The Interlingua of IALA. – From "The linguists' project" of 1951 to the working "Tool of international scientific communication" of 1981.

Could there be a more exciting challenge to a language planner than the opportunity to plan and build up a whole language according to one's own ideas and theories? Many – no doubt too many – non-linguists have responded to that challenge and some 800 projects have been published. The inventing of "universal languages" had for hundreds of years been the playing-field of dilettantes of all descriptions. The author proposes to give a brief account of the period of Interlinguistics that may be labelled the **"Period of Inventors"**, ranging from the theoretical considerations of Cartesius and Leibniz to the fully developed projects Volapük (1880), Esperanto (1887), the long series of reformed Esperantos with Ido (1907) as its most noticeable exponent, Latino sine Flexione (1903), Occidental (1922, later renamed Interlingue), Novial (1928) for once by a linguist, Otto Jespersen, Interglossa (1942), Mondial (1943), etc., and the **"Period of Linguists"** inaugurated in 1924 by the foundation of the **International Auxiliary Language Association – IALA.**

The goal of IALA was defined as follows in the *Outline of program* of Oct. 1924: "To establish one synthetic language, to be taught in educational systems throughout the world as a common medium of exchange of thought and diffusion of knowledge among people of different mother tongues".

The research work of IALA was carried out under Prof. William Collinson of Liverpool, Mr. E. Clark Stillman, Prof. André Martinet of the Sorbonne, and brought to an end by Dr. Alexander Gode of Columbia University. Language learning research by Edw. Thorndike and Helen S. Eaton was financed and numerous conferences were arranged by IALA – at considerable expense – for consultations with distinguished linguists like the professors Asakawa, Bally, Cohen, Debrunner, de Groot, Fouché, Guérard, Jakobson, Jespersen, Karcevski, Meillet, Sapir, Sechehaye, Schrijnen, Sommerfelt, Swadish, van Wijk, Vendryès, Vinay, Wüster, and many others.

Principles and progress of IALA's work were on the agenda at the International Linguists' Congresses of Geneva in 1931 and of Paris in 1948.

The first goal to be aimed at by IALA was to have the five constructed languages that had a certain practical application, Esperanto, Esperanto II, Ido, Occidental, and Latino sine Flexione, compared and evaluated in order to find a compromise. All of them claim to have drawn the bulk of their vocabularies from the same source: the international loan-words. IALA, itself, therefore set out to do thorough research "to furnish a scientifically sound vocabulary for the auxiliary language which is needed in all fields of international communication". – The results of the theoretical considerations of IALA may be summed up very roughly in three conclusions:

1. A compromise between the five constructed languages is not possible and the palm will be given to none of them. This was a great disappointment to Esperantists who, relying on their numerical superiority (! – they are at a maximum 200,000 **today**), had held high hopes.

2. No "universal" language is possible, i.e. a world language that would be able to take equally into consideration extra-European languages as well.

3. To *create* a new language is superfluous. There *is* an international language already, latent in the international terminology of science and technology and in the upper stratum of cultural words in all occidental tongues. It has been there since the day Latin broke up into its "dialects", the Romance languages, and since these Romance-speaking countries (with Britain included) expanded geographically (to the Americas, Australia, the colonies) but above all culturally and technologically, and since the Catholic Church with its prestigious Latin became world-wide.

The task of IALA was then finally fixed as follows: to extract and standardize the *existing* international vocabulary from (a) the scientific terminology present in all or nearly all languages, (b) almost "universal" loan-words like 'radio, universitat-', and (c) words common to at least three of English, French, Italian and Spanish-Portuguese (or in the cases of lacking consensus German and Russian). This means of course that a very considerable part of the vocabulary of the international language can be found in the xeno-lexicons of e.g. Swedish, Bulgarian, Hungarian, and other European non-Romance languages as well.

In 1951 the 27,000-word *Interlingua-English Dictionary* and the *Interlingua Grammar* by A. Gode and Hugh E. Blair were published.

After the dissolution of IALA in 1953, the appearance of *Science Service* with its *Division de Interlingua* gave the new Interlingua a flying start. In the following year the 2nd World Congress of Cardiology made history by publishing all abstracts of the papers in the new language. Without any introduction people read and understood it. Within the next few years 10 medical congresses followed the example, and soon in 30 scientific magazines of considerable prestige all articles were summarized in Interlingua. In Europe the *Union Mundial pro Interlingua* had been founded in 1955 but was inadequately prepared to take over after the sudden demise of both Mr. Blair and Dr. Gode, whose translating service had been working literally day and night.

A slow recovery is taking place: *Scientific books entirely in Interlingua* have been published by the University of Gothenburg, Sweden, and recently two gigantic volumes on Phytopathology were sent out from the US Dept. of Agriculture. *Spectroscopia Molecular* has been appearing regularly since 1952 exclusively in Interlingua. *Textbooks and dictionaries* have been and are constantly being published. The amount of *fictional literature* is small but growing.

An interesting development is ahead of us within the ISO. The world famous Founder of Terminology, former AILA section president, Prof. Eugen Wüster outlined in his *Internationale Sprachnormung in der Technik* (2nd ed. Bonn 1966) a *Key to International Terminology* that is almost identical to Interlingua.

An application of Interlingua that the author will inevitably dwell upon at some length is the utilization of Interlingua as a most *efficient morpheme learning aid in the new subject "Allmän språkkunskap" (= the International Vocabulary)* now taught in Swedish State High Schools.

As a language learning aid preparatory to the study of especially English and all Romance languages – the study of which will of course always be useful and desirable – *Interlingua is doubtlessly unequalled.* This is a thesis that the present writer wants to discuss as an *"accessory benefit"* necessary to be added to the other benefits accompanying the eventual general adoption of an International Language as a tool of practical international communication.

It is obvious that active participation by linguists experienced in applied linguistics will be required for the further development of Interlingua.

*Paper read at the 6th International Congress of Applied Linguistics
(AILA 81, Association Internationale de la Linguistique Appliquée),
Lund, Sweden, August 1981.*

Ingvar Stenström

The Interlingua of IALA. – From "The linguists' project" of 1951 to the working "Tool of international scientific communication" of 1981.

Many a linguist of the older generation has no doubt asked himself the question "Whatever became of IALA, the International Auxiliary Language Association that was heard of quite often in the years before and after World War II?" In 1948 the 6th International Congress of Linguists in Paris had on its agenda as one of four major questions, Reports on IALA's work by its Research Director Prof. André Martinet. It had earlier been discussed at the Linguists' Congress of Geneva in 1931. That the problem in those days was the object of very serious consideration is proved by a statement from one of the Paris participants, Prof. V. Georgiev of Bulgaria, who said: "Nous avons là une tâche qui, présentement, est peut-être la première de toutes: construire une Langue Auxiliaire Internationale et travailler à persuader l'opinion universelle de sa possibilité et de sa nécessité." (Actes, page 598)

Let me present a "thesis" (if such a pretentious expression is allowed) and let me do it in *Interlingua* to give you an idea of what it sounds like: *Le necessitate de un Lingua Auxiliar International existe ancora e augmenta con le intensification constante del communication international.*

Let us then take a quick look at the three main roads of

Imaginable solutions of the international language problem

1. **Universal teaching of one national tongue**
1.1 Universal teaching of one national tongue simplified (Basic English, Anglic)

2. **Revival of classical Latin**
2.1 Simplification of Latin
     (Latino sine flexione, 1903, G. Peano)

3.   **Adoption of a neutral international auxiliary language, planned to be easier than any national language.**

3.1   A priori type

3.1.1 Philosophical
       (Ars signorum, 1661, Dalgarno. Hoy-koy, 1947, G. Ottander)

3.2   Mixed a priori and a posteriori
       (Volapük, 1880, J. M. Schleyer)

3.3   A posteriori type

3.3.1 Schematic (An a priori, invented grammar but at least stems of voca-
       bulary recognizable from national tongues)
       (Esperanto, 1887, L. L. Zamenhof. Ido, 1907, de Beaufront-Couturat
       of the Delegation for the adoption of an international language.
       Novial, 1928, O. Jespersen. Ling, 1943, A. Olson)

3.3.2 Naturalistic (An a posteriori grammar, extracted from the source lan-
       guages, regularized. Vocabulary chiefly Anglo-Romance)
       (Occidental-Interlingue, 1922, E. von Wahl. Mondial, 1943, H. Heimer)

3.3.3 Interlingua (A *registration* of the modern international vocabulary,
       1951, IALA, International Auxiliary Language Association, Collin-
       son-Stillman-Martinet-Gode)

Allow me a few comments to the preceding survey of imaginable solutions:

To alternative 1: *Adoption of for example English*: Objections: A. Eng-
lish is too difficult. It *is* already studied everywhere but not sufficiently.
B. National jealousy is ready to go to any length, it seems, to prevent the
establishing of such an enormous privilege for *one* national language. The
dominance of English has been increasing in inter-individual communica-
tion, i.e. among tourists, but weakening in interstatal relations. The League
of Nations had only English and French, the United Nations has English,
French, Spanish, Russian, Chinese and lately Arabic was added. UNESCO
is dissipating its shrinking budget by using still more languages and in the
European Communities the language problem is taking grotesque dimen-
sions. English, French, German, Italian, Dutch, and Danish take, according
to a Swedish MP, 40% of the budget for translation and interpreting
services, and on the day when Greece, Spain, and Portugal enter, the number
of languages will increase to nine and the efficiency of the organization
probably decrease accordingly.

To alternative 2: *Classical Latin* is too difficult to get enough space in
modern educational systems and has no manageable words for modern
phenomena.

To alternative 3: Only Volapük, Esperanto, Ido, Latino sine flexione, Novial, Occidental (later called Interlingue), and Interlingua – among some eight hundred projects have ever gained organized adherents. Many Idists and most Occidentalists have joined Interlingua, and thus the number of practically competing Planned International Languages has been reduced to *one Schematic*, Esperanto, and *one Naturalistic*, Interlingua.

The following table will give us an idea of the outward difference between some of the best known projects from each one of the categories.

2.1   **Latino sine flexione** (1903, Giuseppe Peano)
        Problema de lingua internationale es proximo ad solutione. Lingua definito per maximo de internationalitate, non es lingua artificiale; suos elementos es plus diffuso et plus naturale, que in omni lingua nationale.

3.1.1   **Hoy-koy** [hong kong] (1947, Gustav Ottander)
        vikäqö mea tvoy qa slakomä slosmi blarä, se vi dvaqä julgö.

3.2   **Volapük** (1880, Johann Martin Schleyer)
        O Fat obas, kel binol in süls, paisaludomöz nem ola. Kömomöd monargän ola. Jenomöz vil olik, as in sül, i su tal.

3.3.1   **Esperanto** (1887, Ludwik Lazarus Zamenhof)
        Ĉiam, kiam oni diskutas tiajn problemojn en la Unuiĝintaj Nacioj kaj en aliaj internaciaj organizaĵoj, preskaŭ ĉiuj ŝajnas nescii ke ekzistas aliaj eblaj solvoj, ne tiel neraciaj.

3.3.1   **Ido** (1907, De Beaufront-Couturat, Délégation pour l'adoption d'une langue auxiliaire internationale)
        Donez a ni cadie l'omnidiala pano, e pardonez a ni nia ofensi, quale anke ni pardonas a nia ofensanti, e ne duktez ni aden la tento, ma liberigez ni del malajo.

3.3.1   **Novial** (1928, Otto Jespersen)
        Dona a nus disidi li omnidiali pane, e pardona a nus nusen ofensos kom anke nus pardona a nusen ofensantes, e non dukte nus en li tento ma fika nus liberi fro li malum.

3.3.1   **Ling** (1943, Anders Olson)
        Ling es internasioni lingva, plu fasil ke alter lingva. Spel e pronons

es simpl, alfabet av sol 20 liter e maks vord es kurt e av simpl strukt. Ling av no gramatik. Si ju vol parl o skriv Ling, ju prend vord de vordlibro e form fras sin ad ending.

3.3.2 **Occidental-Interlingue** (1922, Edgar von Wahl)

Patre nor, qui es in li cieles. Mey tui nómine esser sanctificat, mey tui regnia venir. Mey tui vole esser fat qualmen in li cieles talmen anc sur li terre. Da nos hodie nor pan omnidial, e pardona nor débites, qualmen anc noi pardona nor debitores. E ne inducte nos in tentation, ma libera nos de lu mal.

3.3.2 **Mondial** (1943, Helge Heimer)

Tristan Bernard, le autor humoristique, havi un dia prendate place con un amico in un vagon de primer clase por andar a Versailles. Il alumavi imediatemente un bon cigar, que il comenzavi da fumar con un visible satisfacion. Alor un senior entravi i dicavi in un ton iritate a T.B. da gectar le cigar o da andar in un altre compartimente.

3.3.3 **Interlingua** (1951, IALA, Collinson-Stillman-Martinet-Gode. Alexander Gode-von Aesch, Ph.D. 1906-1970)

Sempre quando on discute tal problemas in le Nationes Unite e in altere organisationes international, quasi omnes sembla ignorar que existe altere solutiones possibile, non si irrational.

Nostre Patre qui es in le celos, que tu nomine sia sanctificate; que tu regno veni; que tu voluntate sia facite como in celo assi etiam in terra. Da nos hodie nostre pan quotidian, e pardona a nos nostre debitas como nos pardona a nostre debitores; e non duce nos in tentation, sed libera nos de malo.

Esperantists claim to be so well established that they ought to have the monopoly. "Esperanto" certainly is the synonym to the notion of International Artificial Language in the layman's mind, *but then it may also be to Esperanto and perhaps not to the International Language Idea that the world has said "No thanks" for almost a hundred years. Because of the structure of Esperanto its communicational value stands in direct proportion to the number of* organized *adherents.* All their national organizations, cooperating in the Universala Esperanto Asocio, have (in 1981) a total membership of about 35 000 and in organizations not affiliated there are another 10 000 (500 in China, 4000 in the Soviet Union). The total is about 50 000 members. (Note: This figure remains the same in 1990.) Guesses are wild as to how many outside the movement that know Esperanto to qualify as Esperantists. Anyone who tells you they may be a million or more is a liar – and he must know it. How much does a person know of Esperanto after a short one-year study if he or she does not buy and read one of the 1700 now available books (some 10 000 real books may have been published since 1887), and if he or she does not subscribe to one of the small or big pro-Esperantist magazines? (The most important magazine, Revuo Esperanto has 7000 subscribers.) And what about their practice opportunities if they don't take part in their international Esperanto congresses, summer camps or meetings *that are the almost only occasions where you ever come across Esperanto?! It is a sad fact that outside that little world of devoted idealists Esperanto is* not understood, *not even by polyglots and not even for passive reading.* But Esperanto has proved that such a language *works*, and so have Ido and Interlingua.

My next thesis then is: IALA was right in preferring an a posteriori naturalistic type. And at the same time another, as the two are intertwined: **The real problem is not to find the "perfect" language, but to introduce an International Language.** The best language must be the one which is easiest to get accepted.

As you may remember from my abstracts, IALA research conclusions were three: **1. None of the five constructed languages of "demonstrated usefulness" could be recommended.** (From that day on "IALA" became to the Esperantists just another "four-letter word".)

IALA's second conclusion: **2. No "universal" language, integrating also non-European elements, is possible.** Whorf's theories may lie behind this, but practical reasons are decisive. IALA had learnt a negative lesson from Esperanto. The linguistic *realities* of the world must be taken into consideration: Occidental languages have an enormous Greco-Latin legacy *in common*. Oriental and African tongues have next to *nothing in common*, except for a few occidental loan-words.*

IALA composed experimental texts where frequent words in ordinary Interlingua are replaced by one or two Hindi, one or two Arabic, one or two Japanese, one or two Chinese words, etc. *Nobody* can read and understand such a text. (That is of course full equality...)

---

* The distinguished Africanist, Dr. C. M. B. Brann, prof. at the University of Maiduguri, Nigeria, kindly pointed out to me *ex auditorio* that many African languages have another common source for loan-words, Arabic.

IALA's 3rd conclusion: **3. No need to *invent* an International Language. There is one already**. According to the sound principle that a common language should be based on that which is *already* common *to as many as possible*, the only thing IALA had to do was to observe the realities and extract what is common. Besides the almost universal diffusion of the scientific Greco-Latin terminology, the most striking "linguistic reality" to be observed is the fact that the most widely spoken languages are the Romanic ones with more than 500 million speakers and English with more than 300 million speakers, with 2/3 of the vocabulary of English being Romanic. The result would be an instrument of communication almost immediately comprehensible to 500 millions of Romanophones and to the educated among 300 million Anglophones, but also to people who by their regular education have full mastery of the often very extensive treasure of cultural and technological international loanwords of their mother tongues other than English. For people who are educationally under-privileged, the learning of such an International Language will mean a most tangible help to reach the desirable mastery of an upper stratum of cultural words of their own languages.

This – the indisputable educational value of Interlingua – is in my opinion one of the "additional benefits" that seem to be necessary. The interlanguage idea in itself, undoubtedly "beneficial", does not seem sufficiently appealing to the general public. Nor was, as a matter of fact, the idea of railways, aeroplanes, telephone, radio, or television before they were introduced and found – indispensable!

In Sweden the fact of the existence of a "Language in the languages" – the International Vocabulary – has got official recognition by the introduction of a new subject in the 11th year of the twelve-year school. It is called "Allmän språkkunskap", "General Language Knowledge", but the title of the textbook by its enthusiastic initiator, the wellknown Anglist, Prof. Alvar Ellegård of Gothenburg University, "The International Words" gives a better characterization of the subject, which is partly replacing Latin. What is taught is chiefly Greco-Latin international morphemes and in order to give a concretization to the rather theoretically presented subject, the present speaker has (since 1967) been using easy coherent Interlingua texts instead of isolated words or only English texts that will be rather difficult if they are the kind that contains a sufficiently high percentage of Latin words. This method has proved extremely successful. Our school is said to have more pupils voluntarily choosing this subject than other schools.

As a special assignment (compulsory in the last school-year) three pupils recently chose to study an Interlingua beginner's textbook and as a kind of exam translated a 1000-word magazine article from *Italian, without any previous knowledge of Italian and without consulting an Italian dictionary or textbook.* (For more details see my article in this booklet: *Experientias del inseniamento del vocabulario international in le nove gymnasio svedese.*)

I feel confident in my statement that Interlingua to *African and Asian peoples* means the best possible *key* to our occidental languages, which of course will still be necessary for their economical and technological development also in the future.

Against the Naturalistic type the following objection has once been made and often thoughtlessly repeated: "To base an International Language on the widespread knowledge of 'only Western Languages' is false thinking, because once the International Language is introduced, these languages will not be widely known any more." *There* is a fallacy for you!

1. These languages will of course still remain the mother tongues of some of the biggest nations in the world, of more than 800 million people.

2. Germans, Dutchmen, Scandinavians, Poles, Czechs, Hungarians etc. will still have in their own tongues the "Fremdwörter", the Greco-Latin international vocabulary that need to be understood during school lessons of physics, chemistry, history etc. This cultural vocabulary needs to be studied systematically and will be so most efficiently during Interlingua lessons.

3. It is not practicable and of course not desirable to stop learning national languages. Their culture and literature will be there – treasures to seek and find.

No earlier supranational language has reached and kept such a position without some kind of military, economic or cultural dominance as a force behind it. The dynamism behind Interlingua that justifies similar hopes or should we say claims is not a kind of imperialism, but the historical fact that Science and Technology, conceptually and linguistically *occidental,* are in their extension *universal.*

Naturalmente un problema que contine tante aspectos fascinante es digne de un presentation minus superficial que il es possibile livrar in un discurso de 20 minutas. A mi distinguite auditores/lectores io pote solmente recommendar a continuar le contacto con le developpamento futur per le lectura del publicationes de nostre Union Mundial pro Interlingua. A nos gustarea le cooperation de tote vos expertos de Linguistica Applicate in recercas lexicografic e application practic.

*Discurso presentate al 5-e Conferentia International de Interlingua,
Norwich, Grande Britannia, julio 1974.*

Ingvar Stenström

Experientias del inseniamento
del vocabulario international
in le nove gymnasio svedese

Le grande reforma del systema de education in Svedia, initiate per experimentos post le Secunde Guerra Mundial, attingeva in le autumno de 1966 le *gymnasio*, le tres ultime annos del studio que precede le immatriculation al universitate. Inter le multe innovationes un del plus interessante esseva le introduction de un nove subjecto *"allmän språkkunskap"*, "cognoscentia general de linguas", reimplaciante como subjecto obligatori le latino, que habeva essite le subjecto caracteristic de un del tres brancas del vetere gymnasio: Le branca latin, le branca de scientias natural e le branca general (scientias social). Latino remane como subjecto facultative e pote esser studiate in le ultime duo annos in 7 lectiones per septimana. Postque le anno scolar dura 40 septimanas isto significa circa 560 lectiones.

Antea on esseva obligate studiar lo durante tres (o quatro) annos in circa 800 (o 875) lectiones e in addition durante multe, multe horas de examinationes scripte. Le causas del abolition del latino como subjecto obligatori tamen non esseva le "terror" del latino presso le scolares, sed le resultato de inquestas inter representantes de industria, commercio e universitates: On concludeva que le parte del curriculo scolar que esseva occupate per latino esseva troppo grande, viste que le evolution rapidissime del mundo tecnic demanda ab le discipulos tante cognoscentia in multe altere dominios, sed on emfasava le importantia de ille parte del latino que vive e produce ancora terminos tecnic e que constitue un tresor de parolas cultural que es *commun* a omne linguas indo-europee. Le professores universitari de linguas exprimeva lor opinion que latino es indispensabile. In iste situation Prof. dr. Alvar Ellegård, professor de anglese al Universitate de Göteborg presentava un proposition: Durante tres lectiones per septimana in le secunde anno del gymnasio, le scola debe offerer al alumnos un curso de analyse systematic del vocabulos international de origine greco-latin que es commun al lingua svedese e le linguas estranier le plus studiate in le scola, isto es: Studio de "ille parte del latino e del greco que functiona ancora in le linguas occidental como ingredientes acceptate in le vocabulario general e in terminologias scientific e in forma de sententias e citationes". In addition le nove subjecto debe "cultivar le senso pro le functiones del lingua e informar concernente le rolo del linguas classic in le historia cultural".

Pro lectores-interlinguistas iste citationes ex le programma de studio pare frappantemente identic con qualcunque definition de Interlingua! Il se tracta de lo que le autor de iste lineas nomina in su manual INTERLINGUA – INSTRUMENTO MODERNE DE COMMUNICATION INTERNATIONAL (Esselte Studium, Stockholm 1972) in le prefacio "**le lingua in le linguas**". Il es un facto que le prime cinque lectiones esseva scribite jam in 1959 (pro un alumna qui intendeva studiar latino in le semestre sequente) e que le libro esseva projectate pro servir *duo* objectivos: Presentar Interlingua e como instrumento de communication e como "explicator" del milles e milles de vocabulos international in svedese.

Manuales e metodos

In le autumno de 1967 ha comenciate le instruction. Duo tertios del alumnos in le branca humanistic elige le "Vocabulario international", e un tertio elige latino. (Le numero de discipulos in le gruppo con "V.I." varia inter 10 e 28.) Le instructores esseva le professores de linguas classic o moderne qui se habeva qualificate ulteriormente per un curso de un mense re metodica e linguistica general e, pro le "classicos" un curso del evolution del linguas moderne, e pro le "modernistas" un refrescamento del cognoscentias del linguas classic.

Duo manuales, multo differente, sta a nostre disposition: Un es scribite per Dr. Erik Wikén, philologo classic, e Mag. Bo Einarsson, modernista, e editate per Esselte Studium. Dr. Wikén e su co-autor ambes habeva experimentate antea con "latino pro scientistas" e es pioneros meritose.

Le altere manual es scribite per le initiator, prof. Ellegård, e es nunc usate in circa 80% del scolas. Su titulo "De internationella orden" (Le parolas international) esserea vermente un nomine multo plus adequate del subjecto. Un reguardo al contento va dar vos un bon comprension como illo es inseniate in le majoritate de nostre gymnasios. Le prime capitulos tracta le structura del lingua in general: Le affinitate inter le linguas, le subgruppos de idiomas indo-europee principalmente; le construction del lingua, prefixos, morfemas de base, suffixos e altere terminos linguistic necessari; le distinction inter parolas originante ex un fonte commun, "le indo-europeo", e postea

16

hereditate e sovente fortemente cambiate foneticamente (octo, eight, huit, åtta) e le parolas "imprestate" (cultura, kultur etc.) que retene caracteristicas estranier (le quales on debe apprender a recognoscer) e que remane quasi identic in forma in plure linguas. On etiam demonstra a omne occasion possibile, al scolares como parolas es un speculo del historia cultural.

Post alcun septimanas le classe es preparate pro le parte essential del curso: Le analyse e apprension del vocabulario international greco-latin. Un brevissime introduction in le grammatica latin precede le multe exercitios que visa al apprension del affixos latin e grec e al capabilisation del scolar de analysar parolas anglese, francese o espaniol o parolas estranier in svedese pro comprender melio lor signification. Verso le medio del semestre primaveral, on studia un synopse del grammatica latin pro facer possibile le lectura de sententias proverbial del latino, que abunda in le litteratura, e de alcun textos latin, usque nunc 5-10 paginas. (Generalmente le tempore non suffice pro iste studio, le qual le alumnos trova multo difficile.) Ab le puncto de vista del discipulos le scopo de iste textos latin es que illes apprende nove morfemas basic, utile in leger textos moderne. Le attitude del alumnos es totalmente utilitari. Lo que es utile, tangibilemente utile, on apprecia, tote altere cosa – vade via, supprime lo! Probabilemente non esseva le intention del creatores del subjecto que illo sia reguardate assi, disproviste de aspirationes classico-cultural ...

Experientias del gymnasio de Varberg

Per inquestas anonyme post cata anno io ha sondate le opiniones de mi discipulos re le inseniamento pro ameliorar lo e re lor evalutation del subjecto. *Le attitude general de omne mi discipulos de iste septe annos es positive,* forsan 99% se declara contente de trovar que lor cognoscentias se ha monstrate concretemente utile: "On comprende nunc multe parolas anglese e francese mesmo vidente los pro le prime vice." "On memora multo plus facilemente le longe parolas infrequente quando on pote segmentar los in lor elementos, le morfemas." Parlante con ex-alumnos un anno post le studio, io audi repetite sempre e sempre iste argumentos. "Le manual troppo teoretic, non possibile studiar sin instructor. Ergo esser absente es disastrose." "Troppo breve le tempore a nostre disposition. Nos vole studiar lo durante ancora un anno." Critica recurrente: "Le 'micro-grammatica' latin troppo difficile pro assimilar. On non lo memora post duo menses." "Servi a nihil!" *E constantemente se repete: "Nos deberea apprender plus de morfemas de base!"* Multe collegas me ha confirmate que isto sembla esser le problema etiam in lor classes. Como satisfacer lor fame pro plus de cognoscentias concrete?

Rolo possibile de Interlingua in le inseniamento

Le metodo le plus usual de laborar (on travalia in gruppos) es que le scolares recipe textos in svedese o anglese, con prosa un poco super le nivello del conversation quotidian postque le percentage de vocabulos latin alteremente non sufficerea. Tal textos, naturalmente, es *difficile*, specialmente illos in anglese, e pro haber un contexto comprensibile, on debe cercar in dictionarios etiam parolas inusual, non-frequente de origine *germanic*, parolas que es quasi "sin interesse" in iste curso. Per consequente, iste lectura exige un labor considerabile e, super toto, prende multe tempore. Al contrario, textos in Interlingua, que *par définition* contine un maximo de vocabulos international, pote esser de natura multo plus simple. Parolas quotidian como *vider, seder, evitar, audir*, occurre ibi frequentemente e justo tales servi como bases in derivatos in anglese, francese, espaniol etc. Si on cognosce le parolas anglese *to see, sit, avoid, hear* on tamen non comprende *vision (vi·d·s·ion), visible, session, sedentary, inevitable, audible* etc. Le textos del manual de Stenström presenta tal morfemas basic in contextos *facile a comprender, e per consequente, plus facile a memorar.*

Il es natural que multe collegas non ha ancora un clar comprension del grande potential de servicio de Interlingua in iste connexion. Sed le alumnos, qui ha facite le experientias illes ipse, illes sape e pronuncia testimonios convincente – e le experimento ha benediction del Direction Supreme del Scolas (Skolöverstyrelsen).

In le gymnasios in Svedia ubi on utilisa Interlingua on pote facer lo e lo face de plure modos: a) In le lectiones ordinari; lectura del textos alcun minutas cata septimana. b) Como assignamento o *deber individual* ("special-uppgift") durante alcun lectiones. c) Como *"obra special"* ("specialarbete"), que es un studio individual obligatori cuje tema le studentes pote liberemente seliger in le tertie e ultime classe. Illes debe dedicar circa 50 horas al deber e pote, quando besoniate, consultar lor instructor.

Le experientias con Interlingua in Varberg

Re a) Como ha nos, practicamente, utilisate le manual de Interlingua? Le facto que io ipse es le autor de iste libro auxiliar me ha facite un poco restrictive quanto al frequentia de usar lo. Io non vole exponer me, io suppone, al critica de imponer mi proprie libro a mi discipulos. (Ah, exponer, supponer, imponer, qual belle exemplos pro analyse, un base con tres prefixos!) Iste restrictivitate tamen esseva criticate per mi alumnos, qui desira que "le parve rubie" debeva esser usate regularmente pro servir a su objectivo! Le poc minutas nos dispone assi: Io presenta un lista de vocabulos anglese, francese, espaniol o "svedese latin", probabilemente non-cognoscite al studentes, sed le quales illes va comprender post le lectura del lection concernite in le manual. Exemplos ex lection 1: Un·ion; un·ity. Prim·är; prim·aire. Re·vid·era, revision. Libr·ary; libr·airie. Fac·t·um; bene·fac·tor. Ante meri·diem. Pre·dic·t; dic·t·ée. Banc*o* = Fr *le* banc. Ex lection 2: Juven·ile, re·juven·a·t·ion; joven; Pro Juventute. De·capit·ate.

Re b) Le brevissime tempore a disposition pro le "deber individual" permitte, naturalmente, solo un cognoscentia multo superficial de Interlingua. E il nunquam se tracta de apprender le idioma activemente; io evita etiam in tanto que possibile propaganda pro Interlingua como lingua auxiliar mundial. Illo es de tanto evidente utilitate como auxilio complementari in "allmän språkkunskap", que mesmo professores non amical al idea de un lingua mundial lo trova de valor indiscutibile. (Mi classes ha tamen con gaudio correspondite con un gymnasio de Checoslovachia que etiam studia Interlingua!).

Re c) Como *"obra special"* del ultime classe jam multos ha seligite Interlingua. Primo on ha studiate le manual Stenström pro aggrandir lor tresor de vocabulos international e postea demonstrate iste cognoscentia per traducer un texto a in svedese (le plus sovente), per investigar le uso de un suffixo (p.ex. -ive) etc. Un del plus remarcabile esseva le traduction "conjectural" de un texto in italiano, portugese e espaniol. Le alumna Monica Antonsson succedeva post le studio de Interlingua traducer lo sin errores, benque facente lo *sin le adjuta de dictionarios o manuales e sin ulle previe cognoscentia del tres linguas!* Pro controlo le professor de espaniol submitteva le texto espaniol a su classe que habeva studiate espaniol 4×40 (circa 150) lectiones. Illes omnes trovava le texto multo troppo difficile mesmo pro poter comprender lo, a causa del multe parolas de basse frequentia, que – naturalmente – un studente non apprende in le prime anno, sed que presenta nulle problemas a un bon studente de lingua "auxiliar".

Questionate de lor impression del effecto del studio de Interlingua, illes omnes es de accordo: "Solmente in contexto on apprende ben le morfemas international. Textos in Interlingua ha le avantage de consister exclusivemente de tal morfemas 'utile' que non es celate per complicate formas grammatic e per consequente on memora le vocabulos facilemente." "Augmentar su vocabulario de iste maniera es non solmente efficace sed etiam amusante".

Pro adder un ultime justification pro le utilisation de Interlingua in iste inseniamento, nos vole citar lo que dice un experto impartial: "Interlingua es le *concretisation* de tote le structuras del vocabulario international que iste nove subjecto scolar vole elucidar".

Discurso al 8-e Conferentia International de Interlingua,
Paris, Francia, julio-augusto 1987.

Ingvar Stenström

Problemas fonetic de linguas international o le pronunciation del lingua international

Le titulo pote indicar que io tractara alternativemente le pronunciation de un lingua international tal qual illo de facto es o le qualitates desirabile que un tal lingua debe haber.

Io probara tractar in forma succincte ambe aspectos, comenciante con le desideratos que on pote presentar:

Un systema de fonemas, le quales es clarmente distinguibile e facilemente apprensibile al plus grande numero de populos possibile, un systema que es in omne puncto plus clar e plus facile que illo de qualcunque lingua national.

Illo debe dunque consister de sonos o plus ver fonemas que es commun a tante linguas como possibile. Jam si on se restringe al base fonic commun al linguas de Europa isto exclude sonos como le vocales labialisate [y] e [ö] e le vocales nasalisate [ã], [õ], [ɛ̃] etc., consonantes palatalisate, le interdentales [θ] e [ð] del parolas anglese 'think' e 'the', le distinction inter duo laryngales [h] e [χ]. E naturalmente se exclude le empleo de tonos diverse pro distinguer duo parolas, le quales alteremente esserea identic. (In svedese e norvegiano on ha duo tal tonos e in chinese pan-national – le dialecto de Beijing – nominate *putonghua* on ha 4 tonos; in un dialecto sud-chinese 9 tal tonos.)

Il sembla etiam clar que un distinction inter variantes clause o aperte de vocales non es desirabile. In italiano p.ex. le litteras **o** e **e** pote representar le sonos [o] e [ɔ] e [e] e [ɛ] respectivemente.

E finalmente: le **quantitate** de un sono non debe esser distinctive. (Anglese 'meal' e 'mill' se distingue quasi solmente per le quantitate de vocales. Germano 'fühlen' contra 'füllen' es un melior exemplo.)

In conclusion on pote constatar que **un fonema in un lingua international debe esser plus large, i.e. haber un plus grande latitude, que permitte plure parve variationes del sono, sin que iste variationes deveni distinctive.**

Regrettabilemente le foneticos non se ha multo occupate de iste problema.

Le exception le plus notabile es le professor e prince russe N. S. Trubetskoy (1890-1938). Ille es a vices appellate le patre del **fonologia**, un disciplina que se occupa del systemas fonetic de linguas individual.

Trubetskoy esseva le primus motor del famose Circulo linguistic de Praha (Le cercle linguistique de Prague) e in un de su publicationes, Travaux du Cercle Lingustique de Prague, nro 8 1939 ille da un analyse profunde.

"Wie soll das Lautsystem einer künstlichen internationalen Hilfssprache beschaffen sein?"

Le quales debe – dunque – esser le caracteristicas del systema fonetic ideal? Il es impossibile hic dar un summario adequate de su longe articulo, un vintena de paginas dense. Prof. Trubetskoy face un inventario del fonologias de multe linguas, includente etiam linguas del quales on a pena ha audite le nomines.

Le fonemas "universal" de Trubetskoy es le cinque vocales **a e i o u**, exactemente illos de Interlingua e de Esperanto. (In despecto del facto que le arabic non distingue plus que tres.) Nulle distinction del senso de duo parolas pote facer se solmente per le differentia de quantitate del vocal. Trubetskoy trova isto ben fundate. Ergo: in Interlingua e Esperanto le systema vocalic es ideal. Solmente novem consonantes ille nos offere: In figura 1 A nos los vide: **m n**; **j**; **s**; **l**; **w (v)**; **p t k**. In figura 1 B io indica le fonemas que esserea a nostre disposition **si un sol distinction nove pote esser introducite**, illo inter consonantes surde e sonor. Fonemas "dubitose" es **h r**, i.e. le secunde sono lateral, e le fricativas [ʃ] e [ʒ] e lor combinationes con clusiles dental [tʃ] e [dʒ].

Figura 1 A: Fonemas universal secundo Trubetskoy:

Vocales	a e i o u					
Consonantes	p t k	m n	j	s	l	w (v)

Figura 1 B: Utilisante le distinctivitate del sonoritate:

	b d g			z		f

Figura 1 C: Altere fonemas de Interlingua e de Esperanto:

Fonemas "dubitose" o "objectionabile"	h			ʃ ʒ tʃ dʒ	r	

Figura 2:

c	a o u	[k] [ts]	En Fr It Es Pt De Slav
	e i y	[s] [ts] [tʃ]	En Fr Pt Scand. De Slav Fr historic Es [θ] It Rom Eccl. univ.

Figura 3:

g	a o u	[g]	quasi universal
	e i y	[g] [ʒ] [dʒ] [j] [χ]	De En SvDaNo It (ghetto [gɛto]) Fr Pt In **-age** in multe linguas It En Rom Sv Es Nl

Figura 4:

j	a o u	[j] [ʒ]	De Nl SvDaNo It Fr Pt Rom
	e i y	[dʒ] [χ]	En It (j- in parolas latin > gi-) Es
ch		[k] [ʃ] [tʃ]	In plure linguas Fr De (in parolas Fr > sch) Pt En Es (It > ci-)

Supponite que un lingua international deberea observar le prescriptiones de Trubetskoy on esserea obligate **construer** toto in le lingua, cata singule parola sin qualcunque considerationes al facto del existentia del vaste vocabulario international sur le qual se basa e̲ Interlingua e̲ – in grado minor –

Esperanto. Un lingua aposteriori non esserea possibile. Un lingua apriori es impossibile – le historia lo demonstra.

In addition al numero restringite del fonemas admissibile Trubetskoy presenta altere conditiones pro su lingua international ideal: nulle variation del significationes per le relocalisation del accento tonic, como in le anglese 'import' (importo) – 'import' (importar), in le svedese 'Japan' (Japon) e 'japan' (japonese), 'banan' (le pista) e 'banan' (banana). In Interlingua existe *un* offensa contra isto: ancora contra ancora (de un nave).

Solmente poc combinationes de fonemas sia admittite: sol diftongos **ai** e **au**, sol combinationes consonantic: **mp nt nk; mw, nj, nl, ns**.

Certe combinationes consonante + vocal excludite: **ki** (a causa del chinese), **tu** (que in japonese deveni [tsu] e **ti** (> [tʃ]) e **wu, ji, ku, ti, ki** a causa de altere linguas.

Trubetskoy: "Fassen wir die Ergebnisse dieses Abschnittes zusammen, so können wir feststellen, daß eine internationale Hilfssprache, deren Lautlehre nach den oben angeführten Grundsätzen geordnet ist, nur 110 einsilbige und 10 542 zweisilbige Elemente enthalten kann."

Ergo: 110 monosyllabas e 10 542 disyllabas, ecce le materia prime pro construer un lingua international! Nos adherentes del scolas aposteriori ha jam facite nostre election. Un "lingua in le linguas" existe, IALA e Zamenhof lo ha extrahite con resultatos bastante divergente in detalios, sed in principio de un typo identic.

Naturalmente Trubetskoy ha ration, in principio: On non pote ignorar o disreguardar le difficultates fonetic de alcunes del plus numerose populos del mundo. Sed le fonologia de Interlingua de facto non differe tanto del systema se dicente "ideal". Post le introduction de un sol distinction "non-permissibile": illo inter sonos surde e sonor, ab le **p t k** se produce per le addition del vibrationes del cordas vocal: **b d g**, e per le suppression del mesme vibration se face de **v** un **f**. Il es discutibile si [z] es un fonema in Interlingua ('cassa' e 'casa'?). In Esperanto illo sin dubita es un, e su exclusion esserea hodie impossibile. Esperanto 'roso' – 'rozo'. Le sono [h] es non-existente in multe linguas europee, su inclusion in le systemas fonologic de linguas planificate es questionabile. Tamen le sono es facile a producer e su exclusion facerea impossibile distinctiones que al minus io considera vital (**a** in oppostion a **ha**). Le [r] como vibrante apical manca in chinese. Sed le alfabeto latin officialisate per le chineses ipse sub le nomine de **pinyin**, usa le littera **r** pro un sono inter [r] e [ʃ] multo simile al [r] anglese. Io non time ulle confusion e poc difficultates in le apperception de un tal [r] in loco del

[r] "ordinari". **E on debe memorar que milles e milles de chineses apprende e usa le [r] europee. Isto es un question de instruction sufficiente!**

Ascolta un exemplo de Interlingua à la chinese: "In le belle vespeʒe que pʒecedewa le nocte obscuʒ del Oʒiente on potewa audiʒ le ultime ʒuitos del stʒatas. Esque isto seʒiosemente impediʒea le compʒension?"

Sed non riscarea on in tal caso un confusion con le [ʒ] si iste sono es attribuite al littera **j**? Si! E isto es le ration pro le qual io prefere le sono [dʒ]. Un del rationes, nam il ha plures. In espaniol, le linguas scandinave, in le finnese e plure alteres le sono [ʒ] non existe e quando on succede producer alque simile le resultato sovente deveni [ʃ]. Le [dʒ] se lassa facile- e acceptabilemente substituer per un combination de [d] + [j] fortemente pronunciate. In facto, le majoritate de scandinavos parlante anglese lo pronuncia de iste modo!

Le fonemas [ʃ], [ʒ], [tʃ] e [dʒ] es tamen illos que presentara le plus de difficultates e que dunque debe esser non troppo "cargate" con distinctivitate importante. Quando ante 30 annos io incontrava Interlingua io esseva studente de fonetica al universitate, alumno del famose linguistico prof. Bertil Malmberg, Lund, e io faceva a ille tempore certe investigationes – le resultatos de illos io ha perdite, sed io crede memorar que le importantia del fonemas mentionate non es si grande in Interlingua, e certo non si decisive pro le significationes como in Esperanto 'ĉeno' – 'ĝeno' e pares importante como 'ĉi' – 'ĝi'. Le combinabilitate abundante in Esperanto da surprisas; 'ŝaluzo' – 'ĵaluzo'.

In Interlingua un del pares [ʃ] – [tʃ] e [ʒ] – [dʒ] es superflue. E le opposition inter le spirante surde e su partenario sonor non es frequente. [ʃok̲a̲r] – [ʒok̲a̲r] (chocar – jocar) esserea un exemplo rar, si on pronunciava le **j** como [ʒ].)

Proque es "dubitabile" le fonemas in Figura 1 C? Como io jam ha monstrate, il es de importantia indiscutibile reguardar le difficultates del grande linguas extraeuropee, (benque mesmo le introduction de un lingua auxiliar solmente inter le nationes occidental – Europa, le Americas, Australia – esserea un benediction digne al aspiration del humanos).

Que nos reguarda le lineas sequente, le quales demonstra qual sonos manca in alcunes del linguas le plus grande:

Chinese **r** (sed nos ha indicate un solution), **f** (sed Ch ha **w** que pote devenir surde, le litteras de pinyin **p t k** es clusiles aspirate, como in svedese e germano, e le litteras de pinyin **b d g** es clusiles non-aspirate que sona in aures europee como nostre **b d g**. Tamen pote esser un problema.

Japonese **l** e **z**, (**f** e **w** es bilabial, sed **f** e **v** "europee" es inter le sonos le plus facile a apprender e a demonstrar al studente: le labio inferior al dentes superior! Tendentia periculose: 'sandhi', un sono se cambia a causa del prime sono del parola sequente. Tendentia insinuar vocales inter consonantes in combinationes.

Bahasa indonesia (malay): manca **z**. (Non importa in Interlingua, assatis importante in Esperanto.) Arabe **p, v**, sed remediabile. Hindi e Suahili, nulle grande problemas.

Nos pote nunc constatar que le differentia inter le fonologia "ideal" de Trubetskoy e le fonologias del duo linguas international de practicabilitate ben provate e documentate non es multo grande.

On pote adder que le puncto de vista de Trubetskoy que le populos de Asia e de Africa non poterea **apprender** un systema simple de 23 o 24 fonemas, es partialmente un demonstration de disrespecto, mesmo de despecto, un attitude typic pro intellectuales europee de ille tempore. In ultra: Le alternativa pro un non-occidental esserea, nonne, que ille debera como hodie apprender le fonologias incomparabilemente plus complicate non de un, sed de plure linguas. In anglese sol on conta in general 48 fonemas, con parve latitudes. Raw [rɔ:] – row [rou]. (Un complication ulterior es que 'row' pote esser pronunciate anque [rau].)

Il es necessari constatar, que lo que es international, in le senso 'commun al linguas de origine europee' es le grafismo, non le fonetismo. Le parolas 'construction' e 'station' ha un grafismo identic in anglese e francese e in plure altere linguas, sed un pronunciation toto differente.

Il ha – como nos omnes ben sape – un vocabulario commun multo extense que es de iste modo identic e le qual, essente unic in su dispersion geografic, constitue le **justification de Interlingua** (e de Esperanto!)

Fixar le pronunciation de Interlingua es dunque dar al litteras un sono, que possibilisa pro le majoritate del homines qui cognosce le formas exterior, le grafismo del parolas, un identification de ille formas.

Duo factores pote crear difficultates tanto seriose como le "impronunciabilitate" pretendite per Trubetskoy: 1° Le manco de un norma generalmente acceptate, e 2° Insufficientia de instruction adequate. Isto essera un problema economic del statos.

Ad 1: Ab le initio Esperanto esseva in un position ideal. Un "Majstro" idolificate e quasi infallibile habeva date concernente le vocales un consilio genial: "ĉiam meze!" (sempre medialmente, in le medietate). Con ille nos concorda in isto a 100%, toto como lo face Trubetskoy. Que su consilios non sempre esseva e es obedite inter le esperantistas es un altere cosa ("Ni restas fajdelaj", ex le bucca de un anglese, deveni plus rar, io pensa, benque io ha audite horribilitates).

Le problema in Interlingua es le damnabile liberalismo irresponsabile de Gode/IALA in iste questiones: Le problema se tamen reduce al pronunciation del litteras **c, g, j** e **ch**. Reguarda le figuras 2, 3 & 4!

Mi conclusiones: **c** + **a, o, u** = [k], ante **e, i, y** [ts]. Non [s] proque isto generarea homofonos, vermente indesirabile. Le alternativa [tʃ] = del italiano, del romaniano, e del Ecclesia catolic universal non esserea disagradabile, specialmente si combinate con le pronunciation constante de **g** ante vocales anterior como [dʒ]. (Ascolta un exemplo: tʃerto platʃerea a multes si on comentʃiava ditʃer tʃinque tʃentos in vitʃe de cinque centos, ettʃetera... Sed illo es un sono multo plus difficile pro multe populos que [ts]. Le sono [g] evoca in le mente de quasi omnes le littera **g** (un exception es le nederlandese). Le variantes [ʒ, dʒ, χ] e [j] non lo face. Le uso del sono [g] ubique excepte in **-age, -gia-** es hodie post 30 annos, il me sembla, si ben establite que deviationes irrita le aures!

Resta dunque fixar le sono del littera **g** in **-age** e in **-agi-** (mangiar, arrangiar), le qual deberea esser identic con le sono de **j** (como in le linguas de base de Interlingua).

Le obvie candidatos es [ʒ] e [dʒ]. Como io ha monstrate antea iste spirantes pertine al sonos "dubitabile" a causa de lor non-occurrentia in multe idiomas e lor difficultate a producer.

Mesmo in linguas que contine le [ʃ] surde non existe le sonor correspondente. In mi mention previe io ha etiam indicate proque io prefere le [dʒ]. Isto dunque non es solmente un question de gusto personal, le qual tamen naturalmente entra in mi judicamento. Io debe dicer que io me senti contente que Dr. Gopsill e Sr. Sexton ha entrate iste pronunciation como le sol in lor *Concise English-Interlingua Dictionary* e in le manual Gopsill. Isto vale etiam pro le sono del littera **j**. Il ha tamen argumentos forte in favor de [ʒ], p.ex. le retention in p.ex. russo del pronunciation original francese. (In realitate, tamen, lor 'garazh' se pronuncia [garaʃ], a causa del position final del sono!) Pro translitterar [ʃ] nos jam usa **sh**, ergo pro [ʒ] on debe usar **zh**. 'Brezhnev' como in anglese.

Il ha in le fonologia un "lege", o plus tosto le observation notate de un tendentia, que, si un systema fonologic usa le sonorification de sonos surde como distinctivo fonematic, on lo face inter tote pares possibile: (prof. Bertil Malmberg) si il ha un **p** il ha un **b**, si il ha un **f** il ha un **v** etc. In despecto de exceptiones innumerabile, io crede que multe foneticos o fonologos insisterea sur un tal parallelitate etiam in un lingua international. Mi tese es que viste le facto que le oppositiones inter surdes e sonores es comparativemente debile on non besoniarea utilisar lo quando non necessari in Interlingua, sed usar pro le litteras **ch** le sono [ʃ] e, como jam dicite, pro le **j** e **g** in le poc parolas [dʒ].

Il es un facto que le frequentia del sonos hic tractate es minimal in Interlingua e ab isto resulta le conclusion que il importa quasi non del toto si on dice [ʃokolᾱte] o [tʃokolᾱte]. E mantener ambes pro Chile ([tʃile] secundo IED) e un o duo altere tal parolas es pur luxo. Utile es tamen haber un pronunciation fixate connectite al combination **ch** pro transcriptiones del pronunciation de alfabetos non-latin.

Un conclusion que jam IALA haberea debite traher ante le publication es que un norma es necessari, un ortoepia de un lingua international es desirabile.

Un lingua es un codice e un tal pote functionar satisfactorimente solo si tote le participantes in le communicationes lo transmitte identicamente. Un norma multo fixe es un garantia que le communication functiona in situationes critic o quando le tecnica de transmission es imperfecte, in radio per exemplo, e quasi sempre in contactos telefonic.

Le evolution intra le mundo esperantista ha monstrate que le tendentia es convergentia del pronunciationes. Il es un gaudio audir le triumfo de iste tendentia quando on ascolta le professores Lapenna, Szerdahelyi e Tonkin, Pettyn del Radio Polonia e altere parlatores de ille station que – ironia del fato! – debe in cata emission annunciar lo per le nomine latin e interlingual. Le dilettantismo prevalente in le mundetto esperantista tamen sembla impedir que le "massas" internationalisa lor pronunciation. Nos debe evitar laxitate in iste respecto quando nos va nunc comenciar inseniar nostre lingua in **cursos**, ubi le riscos de mal pronunciation es multo minus que quando on es isolate e fortiate facer su proprie interpretationes del multitude de "recommendationes" que non monstra le mesme direction. In tal circumstantias il es facile perder le via que deberea ducer a **comprension**!

Discurso al 1-e Incontro Scandinave de Interlingua,
Lund, Svedia, 27 de julio 1988.

Ingvar Stenström

Le longe perspectiva e le curte in nostre activitate pro Interlingua

In le perspectiva longe nos vide naturalmente le objectivo final: Interlingua officialmente introducite in le curriculo de omne scolas del mundo e functionante como un medio de communication, serviente le nobilissime scopo de crear comprension e harmonia inter le humanos.

E le perspectiva curte: Recrutar 1000 nove membros de UMI ante le fin del anno. Ben – io poterea finir nunc. Gratias pro vostre attention!

Sed certo ille "objectivo final" varia multo inter differente personas pro nostre vision interne/interior. Il ha inter nos "maximalistas" e "minimalistas" e tote nuances imaginabile inter iste duo categorias. Illes qui expecta multo o illes qui expecta poco. – Le Declaration ideologic de UMI, publicate in Currero nro 28 non impone ulle restrictiones sur le expectation que nos pote permitter nos. Illos es imponite sur nos per le realitate, per nostre capabilitates, e super toto, per nostre voluntate e dedication. Esser un maximalista significa, in multe connexiones, esser un fanatico, un specie de homines que nos tamen prefere non haber como collaboratores o alliatos. Nos facera un essayo in un passage sequente a monstrar como esser un maximalista moderate sin transgressar le limite al fanatismo.

Es il vermente fanatic si on crede que es realisabile le idea de un convention, un tractato inter un grande numero de statos pro assecurar que un e le mesme lingua sia apprendite como le secunde lingua de omne lor cives? Un solution que es provatemente practicabile! Un solution que non exige ressources economic gigantic, como le absurde multilinguismo, ubi on expende milliones pro inseniar duo, tres o quatro idiomas sin que le scolares attinge un capabilitate sufficiente mesmo in un de illos! Un solution que – al minus in le caso de Interlingua – apporta le beneficio additional de dar un base firme pro studios in altere linguas. Nam per isto, i.a. nos interlinguistas pote demonstrar que nos non es fanaticos: Nos non crede o desira que le studio del linguas de altere co-humanos debe cessar. Si on va pro viver in un pais estranier, on naturalmente apprende iste idioma. Si on se interessa del cultura create in un certe lingua on lo apprende. Con un lingua international pro omne communicationes practic, on ha le tempore in le scolas pro eliger etiam linguas altere que le linguas del grande nationes que ha nunc le hegemonia gratias a lor superioritate economic o militar. Proque non studiar polonese, chinese, arabic pro poter leger lor litteratura? Studio de linguas le qual non demanda cognoscentias active, parlar e scriber, es un toto altere cosa que le apprension active. E non *omnes* debe esser fortiate a longe annos poco fructuose pro probar a apprender.

In tote partes del mundo le problemas economic es grande.

Pote on imaginar se un plus mal economisation, dissipation del ressources financiari que le metodo de communicar que se usa in le organisationes interstatal. Le NU, ubi on traduce in 6 linguas, in UNESCO 8 linguas e in le CE de que Svedia non ancora contribue a pagar le follia: in 9 linguas!! Un fonte – io non sape si illo es fidibile – dice que 2/3 del budget, 1,6 milliardos de coronas (o 500 milliones de florinos) se expende cata anno pro traductiones e interpretation! On reportava ante alcun annos de un congresso in Italia contra le fame inter infantes, ubi solmente le costos del interpretation haberea sufficite pro nutrir, tener in vita 1000 infantes durante un anno.

Il es evidente que un lingua international auxiliar, es besoniate e que le mundo non mesmo *potera* in le longe perspectiva permitter se le luxo de multilinguismo pro rationes que deveni de plus in plus perceptibile, pro rationes *economic*. A isto se adde le rationes de equalitate del nationes.

Que vole dunque un minimalista?

Forsan ille se contenta con le uso de Interlingua in summarios scientific. Forsan un lingua commun pro Europa sol. Forsan le uso restringite a communicationes practic. (Inter parenteses, tal restrictiones tamen non functiona: Mesmo congressos factual e "sic" vole amusar se, on canta e face orationes: E per isto le poesia ha entrate in le arena e le retorica, le prosa artistic; le litteratura non tarda como fenomeno.)

Le minimalistas paga lor quotisation e lege nostre publicationes. Illes non es a despectar – sin illes nostre activitates non poterea continuar. Sovente un minimalista pote augmentar su interesse usque a devenir un membro active. Il es interessante notar que Dr. Gode – secundo nostre definition – esseva un minimalista in le attitude verso Interlingua que ille monstrava al mundo exterior. Su devotion e su enorme labor pro facer successose le lingua, merita un toto altere etiquetta. Un tal attitude pote a vices esser un politica "sage", prudente, pro non espaventar homines sceptic. Emfasar le usabilitate practic, que es irrefutabile, pote inducer le sceptico a conceder passo post passo que "illo forsan pote esser si utile, que illo merita mi supporto ..."

Si nostre longe perspectiva significa le fide in le realisabilitate de tanto grandiose visiones como illo de nostre lingua como un contributor al pace e harmonia inter le homines, *como pote dunque le perspectiva curte esser si insignificante como le recrutamento de 1000 o 2000 nove membros? –* Le longe via al fin debe esser marchate in parve passos, logicamente eligite e prioritate secundo lor utilitate e conformitate con nostre aspirationes. Si nos non gania un numero sufficiente de abonatos, un del nostre plus importante medios pro monstrar nos al mundo e nostre indispensabile ligamine interne non pote evolver o forsan non mesmo continuar. Ante 15 annos on poteva publicar per typografia professional libros e magazines si on habeva un minimo de 500 compratores. Hodie isto non es possibile. Quando il se tracta de un periodico le porto postal es un onere extra. *Nove membros es necessari pro trovar nove informatores, qui dicera: "Ecce Interlingua existe, utilisa lo secundo vostre besonios!"* Multe lectores significa plus de demanda pro litteratura. Quando le magazin attinge un satis grande circulation nos habera le supporto de reclamos pagate. *Le mercato que Panorama debe conquirer es le paises romanofone. Io va insister re isto in le Consilio de UMI in le annos sequente.*

Panorama debe esser obtenibile in bibliotecas, venir sub le oculos de parlamentarios national e europee, sub le oculos de homines con poter a influentiar le extension del uso de un lingua international. *Io suggere que nos initia immediatemente planos pro attinger tal gruppos!*

Leger regularmente un magazin es le optime metodo de *apprender e mantener su cognoscentia de un lingua.* Le experientia monstra que un persona qui ha solmente legite, sed legite multo, pote *parlar* Interlingua post duo o tres dies in un Conferentia International. (Sed isto on non crede ante haber ipse transpassate iste "limine".)

Retro pro un minuta al perspectiva longe:

Un passo sequente que, plus ver, es un longe serie de passos de durata multiannual es le *creation de manuales e dictionarios* pro le nationes que es le plus probabile como futur campos de action. Secundo mi opinion, *iste paises es le Statos-Membros del Communitate Europee, plus Scandinavia,*

Finlandia, Polonia, Tchecoslovachia, Hungaria, Romania, Bulgaria, Grecia e Turchia.

Io personalmente non crede que le paises franco- e anglofone va unquam cooperar in le introduction de un lingua international. Le acceptation de Interlingua per le statos enumerate significarea que illos poterea communicar non solmente inter se, sed assatis liberemente con Italia, Espania, Portugal e le integre Americas sud e central.

Sed *illes non sape del existentia de Interlingua ni de su qualitates e possibilitates*! Le carga sur nostre humeros de facer Interlingua cognoscite es enorme. De facto il non se tracta in le practica de informar tote le milliones de homines in ille paises, sed le "decidentes", ministros e directiones del education national e le parlamentarios (le quales tamen non osa ager si le lingua non es al minus cognoscite in le publico. (75 signatores in un appello pro Esperanto ante alcun annos, in lor majoritate sape lo que Esperanto es, sed illes *non* sape leger o parlar lo. Inter illes esseva plure ministros qui subscribe a causa del facto que illes cognosce le esperantismo del presidente del parlamento a ille tempore, un homine sympatic e multo popular.)

Le integration de Europa essera incomplete
e claudicante sin un lingua commun.

Io va insister in le Consilio de UMI durante iste mi ultime annos que nos concentra nostre effortios primarimente (sed non totalmente) pro facer nos cognoscite in le paises mentionate (Pro cata un de ille linguas un manual, duo dictionarios e un organisation national sembla hodie utopic). Le glasnost tamen da speros pro Europa del est.

Que nos retorna al perspectiva curte:

Con plus de membros in cata pais le probabilitate cresce que il habera plus que *un* membro in *un* loco. Isto possibilisa *un gruppo o un club local (p.ex. pro con-esser amical con immigrantes).*

Plus de membros augmenta le chances de *influentia personal, que es le metodo le plus efficace pro ganiar nove adherentes. Television, radio e articulos in le pressa es le altere metodos efficace, sequite per letteras al redactores e annuncios pagate (– sovente necessari pro poter mentionar le adresse e poter vender manuales).*

Tal gruppos local pote prender sur se le responsabilitate pro facer *actiones special* p.ex. distribuer information a parlamentarios o simile gruppos informande.

Gruppos local etiam pote *inseniar* le lingua, arrangiar cursos. *Facer isto es forsan le prerequisito pro attinger 2000 nove membros – e membros active.* **Attention a isto!**

Le inseniamento es un grande problema. Qui inseniara? Mesmo interlinguistas multo habile hesita inseniar si illes non es professionales. Hesitation superflue! Nostre manuales es scribite pro poter functionar mesmo sin un instructor sed con le adjuta de un cassetta. Non time proponer vostre servicios a un organisation de studios vesperal!

In Scandinavia il ha extra iste organisationes etiam "Universitates popular" –*folkhögskolor.* In Svedia 127. Io proponera que SSI (e proque non DIU, in le pais de origine de tal scolas?) informa *le directores e instructores de tal scolas re Interlingua, proponente que a cata scola un o plure instructores se qualifica pro inseniar Interlingua,*

a) per studio private durante un anno, e in addition

b) per un curso que se tenera in le estate sequente durante 3-4 septimanas in *un* de iste scolas, preferibilemente ante un Conferentia International.

Le consequentia que on poterea sperar es que a un certe numero de scolas Interlingua essera inseniate in le annos sequente. Nos habera etiam un equipa de professores qualificate pro instruer in altere cursos.

Car lectores! Ecce alcun pensatas mie re le tema: Que vole nos in le perspectiva longe e que debe e pote nos facer in le tempore proxime, iste anno e annos sequente. (Le menu sufficera, nonne, pro *plure* annos?)

Pro nostre conferentias futur io pensa apte le realisation practic de campanias simile a illo in Taastrup, dirigite a empleatos (forsan chefes) del Communitates Europee e exploration de tote le possibilitates de influentiar iste e simile organisationes. Al labor!

Discurso al 8-ve Conferentia International de Interlingua,
Paris, Francia, julio-augusto 1987.

Ingvar Stenström

Utilisation de Interlingua
in le inseniamento de linguas

Multes de mi auditores/lectores certo memora que le reforma scolar de Svedia, que esseva multo radical, etiam implicava un abolition del latino como subjecto obligatori in le nove gymnasio. (Latino non es abolite; qui lo desira pote studiar lo optionalmente. 7 lectiones/septimana in le secunde anno e 6 lectiones in le tertie anno.) Sed le prospectiva que futur professores de linguas poterea venir al universitates sin ulle cognoscentia del latino multo inquietava le professores universitari. In lor protestos concordava etiam professores e recercatores de omne specialitates, non minus emfaticamente scientistas e medicos. Omnes accentuava que il ha un parte del latino que supervive in omne linguas de origine europee e que es le base, le fonte del terminologias in tote le linguas del mundo, un parte que es indispensabile pro le comprension mesmo de nostre proprie lingua svedese e su innumerabile parolas estranier.

Per consequentia esseva introducite un subjecto **allmän språkkunskap**, "cognoscentia general de linguas", un nomine non-explicative. Le nomine del curso deberea esser – como indica le titulo del manual: le **vocabulario international**.

Exactemente 20 annos ha passate desde le introduction de iste subjecto in 1967 e io lo ha inseniate durante omne iste annos e pote sin exaggerar mantener que io ha un vaste experientia accumulate in iste longe tempore.

Jam mi description in supra del subjecto nove certo revocava in vos un definition perfecte de Interlingua, nonne? "Ille parte del latino que ancora se retrova in le si-nominate vocabulario international de origine greco-latin in terminologia e le linguas moderne." Isto es comocunque on lo vole nominar – lo que *nos* appella Interlingua.

Como se insenia iste subjecto?

Ecce un question que se poneva le professores gymnasial qui debeva inseniar! Le curriculo previde le tractamento del capitulos sequente:

1) **Le familias e gruppos de linguas in le mundo. Lor relation.**
2) **Natura del lingua human.**
3) **Le structura del lingua:**
   Differentia inter fonemas e sonos. Morfemas e parolas.
4) **Le terminologia del grammatica.**
5) **Le scriptura; alfabetos differente.**
   (On apprende decifrar le alfabetos grec e russe.)
6) **Affixos latin e grec.**
7) **Morfemas de base supervivente ab le latino e le greco in linguas moderne.**

Duo categorias de inseniatores esseva allottate al inseniamento. Le professores de latino qui alteremente haberea devenite redundante e professores de linguas moderne qui completava lor education con un refrescamento de lor latino. Le classicos participava in un curso del developpamento historic del linguas moderne e pro ambe categorias un curso del linguistica moderne. (In ille dies Chomsky esseva in voga).

Io esseva eligite proque io habeva in mi examine universitari fonetica e un poco de linguistica general. (Durante iste studio io legeva i.a. libros de prof. Martinet, como vos sape, un del linguistas le plus famose del mundo), e proque io habeva un interesse illimitate in toto linguistic.

Le subjecto es studiate in 3 lectiones de 40 minutas (o 2 x 60 min.) per septimana. Le anno scolar ha 40 septimanas, sed multe altere activitates scolar es permittite "furar" le tempore e in facto on nunquam ha a su disposition le 120 lectiones previdite; 90 es plus realistic.

In mi articulo previe (in Currero nro 38, 1974) io ha schizzate

Le rolo possibile de Interlingua in le inseniamento

Desde le comenciamento del instruction se sentiva certe difficultates. Le preponderantia in le curso es le studio del structuras del parolas international (circa 50% del tempore) e le apprension del significationes del affixos (pre- e suffixos) latin e grec. Le intentiones exprimite in le curriculo official previde que le alumnos apprende le signification legente textos in svedese e anglese que contine multe tal affixos, p.ex. articulos de scientia popularisate. Le problema con iste metodo es que le frequentia de parolas international non es tanto alte in tal textos accessibile, e *quando il se tracta de textos anglese, on trova tosto que illos contine un alte percentage de parolas purmente anglese (germanic) incognite al studentes, lo que face le textos (tractante temas complicate per se) multo difficile a nostre alumnos.*

A me esseva absolutemente clar le solution: **Textos in Interlingua, que**, par définition, **contine solmente parolas consistente de morfemas garantitemente international**. Mesmo le textos le plus quotidian es componite de parolas utile pro analysar, e le contexto simple e facile adjuta al alumnos memorar multo melio le morfemas studiate. Durante le prime annos io esseva multo caute in proponer troppo sovente textos in Interlingua, io crede, principalmente proque io non voleva fortiar le studentes a usar un libro que io ipse habeva scribite. Nunc io remitte le decision al alumnos. Per votation illes decide si on prefere studiar le capitulos, que coperi le affixos, in mi manual o, como le altere capitulos, in le manual principal. Si illes elige le "metodo Interlingua", illes me assere repetitemente (e a vices post multe annos; un alumna de 1981, nunc jornalista, me lo diceva ante alcun dies) que nos haberea debite leger multo plus in Interlingua.

Le prime manual esseva scribite per le initiator del subjecto, le professor de anglese al universitate de Göteborg, Svedia, Dr. Alvar Ellegård. Ante alcun annos le curriculo esseva reformate e su manual esseva re-scribite per Dr. Arne Olofsson, ben experientiate professor de "allmän språkkunskap". Iste reforma significava le elimination del "Mini-curso" de latino – lo que debe esser regrettabile pro illes non usante Interlingua – e le introduction de certe capitulos de linguistica general. Le resultato ha devenite un plus grande teoretisation del subjecto, un caracteristica – multes ha dicite – jam antea del subjecto.

Un nove manual esseva publicate in 1985 (Dr. Lorenz Larsbo, Språken i världen. Allmän språkkunskap, Esselte Studium, Stockholm, 1985, 148 paginas). Iste libro es interessante, forsan un poco breve in su tractamento del "nucleo" del subjecto, le affixos. (Un detalio que pote amusar mi lectores: Un breve texto specimen es publicate in pagina 56 in Esperanto e Interlingua. Le duo lineas in Esperanto contine quatro errores! Un lingua vermente estranie quando inter altere linguas!)

Pro demonstrar como nos utilisa Interlingua intra le subjecto Vocabulario International io va monstrar vos un del transparentias empleate durante le lectiones. In le columna sinistre se trova le vocabulos interlingual e post cata vocabulo seque le parolas que on, post haber apprendite le vocabulos interlinguese, pote comprender in anglese, francese, espaniol e italiano. (Es interessante notar que sovente le studentes de espaniol non sape antea multes del vocabulos espaniol in le transparentias, sed illos deveni in iste maniera, per Interlingua, comprensibile, o plus ver: transparente.)

Post mi longe experientia io osa nunc mantener emfaticamente que pro explicar le Vocabulario International, presente in *omne* linguas occidental in frequentia variate, il non existe un instrumento o metodo melior que le studio de Interlingua. Le studio del latino ipse o del greco nos da tote altere remunerationes, valores cultural, sed non le claritate que nos attinge per Interlingua. (Textos classic non ha le vocabulos relevante, e le grammatica obscura a vices totalmente le vista del discipulos. Per Interlingua illes comprende!)

Il es dunque un facto que in iste dominio, in *un* pais, Interlingua face un servicio excellente. – – – (Io expecta le responsa ab *vos*, car lectores del question sequente:)

Como generalisar, o universalisar iste application de nostre lingua?

Forsan il ha certe possibilitates:

Informar le Ministerios de Education de Europa re le studio del Vocabulario International, e indicar/clarificar/sublinear que le studio de Interlingua non solmente servirea como un explicator del Vocabulario International – nostre patrimonio linguistic commun, sed iste studio de poc horas darea – quasi como un dono additional – un instrumento de communication pro contactos practic.

Nos non debe oblidar que inseniamento occurreva jam in le annos sexanta in un gymnasio in Copenhagen (prof. Hans Neerbek), in le gymnasio de Krupina, Checoslovachia (prof. Július Tomin), jam plure annos nunc in Nässjö (Dr. Carl-Erik Boman), e iste anno (1987) in Gdańsk, Polonia (prof. Jerzy Małachowski), e in plure gymnasios svedese mi manual es utilisate plus o minus regularmente.

Explora le possibilitates in vostre proprie urbe!

Altere utilisationes in le inseniamento de linguas

1°. **Interlingua como le prime idioma estranier** es forsan le objectivo final de nostre aspirationes. Postque nos es realistas, nos non crede que un monopolisation de *un* lingua es possibile o desirabile. (In isto nos differe decisivemente ab le adherentes de un altere exponente del idea mundilingual – cuje nomine io pro le momento ha oblidate. Illo es si vetere...)

Le prime lingua estranier que un persona (in general un infante) studia es un sorta de rumpe-glacie pro omne linguas que on studiara in le futuro.

Le confrontation de structuras estranie con illos de su lingua maternal es difficile. Usque a ille momento le studente ha vivite in le secur conviction que "un bicario es un bicario, e solmente in mi lingua illo es appellate correctemente" (Malmberg). Pro un svedese, p.ex. le ordine de parolas con le subjecto *sempre* ante le predicato, le verbo, es un novitate al qual ille se accostuma solo lentemente.

Il es evidente que como prime lingua estranier servi melio un lingua con un grammatica simple e clar, ubi le structuras ipse non es obscurate per un abundantia de formas.

2°. Interlingua como preparation pro le studio de linguas romanic es obviemente ideal: Su caracteristica principal es, nonne, que illo es le denominator commun de iste linguas! In le primissime lectiones de espaniol on apprende 'hijo', isto es espaniol e nihil altere que espaniol. Solmente post longe tempore on incontra le adjectivo 'filial', sed in le prime lectiones de Interlingua on apprende 'filio' e sape per isto le adjectivo, e procedente a italiano plus tarde on recognosce 'figlio'. 'Joven' non explica 'juventud' o 'Pro Juventute' in un sententia latin. Interlingua on apprende sin esser disturbate per le complicationes del evolution particular national. On apprende con facilitate un vocabulario que servi como un base secur de partita pro explorar plus profundemente. Quasi cata singule parola interlinguese se incontrara de novo in italiano, espaniol, portugese e francese, e mesmo in romaniano.

Le professor hungare de Esperanto, Dr. István Szerdahelyi, ha constatate in un investigation que le studio previe de Esperanto facilita le studio de italiano per 65%, sequite per francese, anglese e germano in ordine descendente, usque al russo ubi Esperanto ha un valor propedeutic de 30%. (Wood, Lektos p.74, 1975).

On non debe esser un partisano de Interlingua pro constatar que un tal curso propedeutic in Interlingua darea un resultato multo plus beneficial que le curso de Esperanto – que tamen ya contine non poco de latino, sed in comparation con Interlingua multo minus.

3°. Interlingua pro facer transparente le vocabulos de origine romanic in anglese, i.e. 65% de su vocabulario total! Quasi omne linguas occidental ha duo stratos de parolas, le indigene, in anglese illo es germanic, e un strato latin. Quanto plus avantiate le textos anglese tanto plus frequente le latinismos. Ex. apiary. In general on considera Interlingua un concurrente (benque impericulose) de anglese, sed le facto incontestabile es que Interlingua facerea (e lo face, in Svedia) servicios al studio de anglese apena superestimabile!

Como introducer Interlingua in nostre scolas?

Lo plus facile – o minus difficile – deberea esser de persuader un scola con autonomia de lor programma de studios. (Un exemplo es le curso de Sr. René Jacobs al Universitate AUPAC).

Mesmo in Svedia, ubi nos ha un systema de education maximalmente centralisate, il ha paragrafos exploitabile.

Il es teoreticamente possibile introducer Interlingua in le curriculo de tote scolas del pais si on succede convincer 175 membros del parlamento.

Il es – etiam teoreticamente – possibile introducer Interlingua in cata scola fundamental in le septime usque al none anno sub tres conditiones:

1°. Que le scola ha un instructor professional qualificate. (Un examine official in Interlingua dunque es un prerequisito).

2°. Que on pote trovar un numero satis grande de studentes prospective qui elige Interlingua in preferentia a germano o francese o al subjecto "tecnica".

3°. Que on pote persuader le consilio local de education, que – in iste caso special – es le instantia que pote dar le "lumine verde", le O.K.

Esserea interessante saper si il ha in omne nostre altere paises simile "possibilitates" forsan via paragrafos elastic???

Pro satisfacer le condition numero 1 nos poterea al minus contribuer per nostre organisationes al education de instructores. Examines e diplomas essera necessari!

Del resto: Un scola in Svedia ha jam acceptate le proposition de offerer Esperanto e in alteres on labora pro facer lo. Un discussion vivide in le pressa sequeva le annunciamento de iste planos. Multes reageva negative-mente e opinava horripilante que on lassarea su infante renunciar del linguas german o francese (que se studia como secunde lingua, post le anglese obligatori in le proportion 3 a 2, 60% germano e 40% francese, del quales 75% pueras)

Pro poter satisfacer le secunde e tertie conditiones nos debe multiplicar nos per 100!

E ecce le condition totalmente preponderante: Nulle tal actiones pote succeder si non executate in multe altere paises simultanemente. Linguas estranier on apprende pro communicar con homines, cameradas e collegas in le pais del lingua concernite – in le caso de Interlingua – in tote le mundo!

Ecce pro nos omnes un deber digne pro garantir un futuro in le qual se comprende le nove generation, se respecta e vive junctemente in harmonia e pace!

*Discurso al 9-ne Conferentia International de Interlingua,
Zwolle, Nederland, julio 1989.*

Ingvar Stenström

Que pote nos apprender
ab le alteres e ab lor experientias
de un seculo?

Il ha un dicto que nos insenia: "Le sol cosa que on apprende ab le historia es
que le humanitate apprende nihil ab le historia". On es sovente tentate creder
in iste conclusion pessimistic, sed esque nos interlinguistas vermente non
poterea apprender alque ab le altere protagonistas pro linguas universal qui
ha laborate pro le idea durante plus que cento annos? Lor errores es evitande
e successos imitande, nonne?

Que esseva positive e negative in le construction del linguas,
respectivemente in le promotion de iste linguas?

(Textos demonstrative in le linguas auxiliar hic mentionate se trova in le
discurso al Congresso de AILA.)

Volapük (1880)

Un fenomeno inexplicate es le enorme successo de Volapük. Il ha, secundo mi
opinion plure explicationes: le successo non esseva si grande como on faceva
nos creder, sed le facto que le mundo lo credeva es un parte de su successo,
postque un tal lingua del typo Volapük o mesmo Esperanto es *utile e digne a
apprender* solmente si multes lo jam parla e usa. Un altere explication es sin
dubita que Volapük esseva publicate in le juste momento in le historia: le opti-
mismo evolutional regnava, le communicationes international se developpava.
Ecce duo factores que esseva decisive etiam pro le attraction de Esperanto
septe annos plus tarde. Ab le puncto de vista linguistic: esque nos pote ver-
mente apprender alque ab Volapük? Si: su regularitate esseva considerate
como un garantia pro le facilitate que esseva e es forsan le plus importante
exigentia sur un lingua auxiliar. E quanto al factores positive e dunque imi-
tande: ecce un, probabilemente decisive pro le non-negabilemente rapide
diffusion: On comenciava immediatemente elaborar manuales e dictionarios
(in 25 linguas, in toto) publicate per editores establite. Io possede duo: un in
svedese (per John Runström), imprimite in 1887, e un in germano per Julius

Lott, "Weltsprache-Professor" (176 p., 1887-88). On convocava congressos, le prime in 1884. le quales eveliava grande e vaste interesse. Le volapükistas se organisava sur omne nivellos e in clubes local, apprendeva parlar le difficile idioma e educava "professores, 'plofeds'"; plus que 1000 habeva un diploma. Il habeva al culmine de successos 283 societates e 25 magazines in Volapük in le anno del 3-e congresso in 1889, participate per 200 personas in Paris. Le numero de libros e brochuras esseva 384. Septe del magazines esseva scribite integremente in Volapük. Belle numeros, ancora a superar per nos!

Esperanto (1887)

Lo melior es sovente le inimico de lo bon. Le publico interessate in un lingua universal debeva tosto constatar que Esperanto in omne respecto superava Volapük. Plus facile, un grande parte del vocabulario comprensibile a prime vista (o quasi) a occidentales. Schismas inter le volapükistas esseva le altere factor que expulsava Volapük ex le historia e iste periculo es inherente in qualcunque lingua artificial que debe proteger se per un "fundamento", necessarimente intoccabile ("netuŝebla"). Per isto nos debe constatar que le firme base de Esperanto per le proclamation del famose "fundamento" ha essite un factor positive garantiente le stabilitate necessari. Necuno apprenderea un lingua que riscarea esser alterate intra un o duo annos.

In comparation con le historia centennial de Esperanto, le experientias del altere projectos de que nos poterea tirar conclusiones fructuose es minimal. Sed que nos reguarda IDO, LATINO SINE FLEXIONE, NOVIAL e MONDIAL e sin ample commentarios! Lor tractos positive nos forsan pote imitar, memorante tamen que le tempores e conditiones es differente e nihil es repetibile sin consideration de isto. Lor errores nos debe evitar, sed io time que nos ha jam repetite multes de illos.

Ido (1907)

Ido, publicate in 1907, esseva un seriose essayo de utilisar le experientias jam vaste de Esperanto, considerante le critica que jam in 1894 habeva fortiate Zamenhof ipse a proponer cambiamentos – le quales in grande mesura esseva simile e mesmo identic con illos differentiante Ido ab Esperanto. Zamenhof in contrasto a Schleyer habeva comprendite le valor del internationalitate al minus del radices del vocabulario. Ido lo realisava, sed non completava le passo comenciate per Zamenhof: Ido reteneva le artificialitate de certe affixos e – forsan plus erronee: dictava al apprendentes un application de regulas, appellate "logic" con distinctiones superflue. Le resultato es que un texto in Ido a vices es tanto difficile a decifrar a un non-initiato como un in Esperanto, e io time que le nivello lingual del idista "medie" es ancora un poco plus basse que illo del "bonan-tagon-esperantistoj" qui pullula in incontros esperantistic.

Promittente pro le *promotion* de Ido esseva le adhesion de publicamente cognite personalitates que dava al nove lingua un certe brillantia e lustro, lo que le prime idistas ben comprendeva como utilisar in le propaganda: Couturat, Jespersen, Ostwald, le chimista, qui donava un parte de su Premio Nobel a Ido.

Positive es anque le impressionante labores lexicografic que on initiava quasi immediatemente e que ancora hodie – in le forsan ultime annos del "Linguo Internaciona dil Delegitaro" – sembla esser un tradition que on mantene. Un idista svedese, Axel Rylander, ha recentemente finite dictionarios Ido-svedese e svedese-Ido, ambes grande. Lexicografos es un specie de homines que necessarimente debe creder in le futuro...

Le prime idistas habeva essite eminente leaders del movimento esperantista, sed jam pro altere causas que illos linguistic illes se alora distantiava del "esperantismo" que se manifestava como un semi-religion, le "homaranismo" de Zamenhof, un idealismo multo sympatic e attractive, al qual io non comprende le objectiones. Couturat e le intellectuales circum ille decretava categoricamente que Ido es un instrumento de communication e non un medio pro fraternisar le humanitate. Iste ideologia o proclamation de manco de ideologia habeva tosto consequentias: Homines attrahite per le "interna ideo" de Esperanto non adhereva a Ido. In loco del voces entusiasmante del esperantistas con visiones de un mundo melior, quasi "Al Utopia per Esperanto", le publico audiva le sic invitation: "Ecce un lingua practic! Usa lo!" (Un attitude que ha cambiate in plus recente decennios, io pensa.) Crear litteratura in un tal lingua factual etiam non deveniva un carga si urgente al collaboratores, qui in tal circulos ya sempre debe laborar penosemente sin ulle recompensa, e dunque debe esser – idealistas. Un altere factor inhibitive al creation de un litteratura esseva le multe cambiamentos resultante ex le continue discussion de detalios linguistic. Pro frenar los un poco on debeva introducer "periodos de stabilitate". Un tal stabilitate nos jam ha in Interlingua per su principios de selection de su vocabulario. Sin poter recurrer al mobilisation del emotiones le organisationes de Ido tosto non plus cresceva. Duo fundationes pro Ido in Svedia ha, per lor "respiration artificial" possibilisate a Ido a viver e publicar magazines pro un lectorato diminuente anno post anno.

Occidental (1922)

Occidental (post 1949 nominate Interlingue) esseva ante Interlingua le melior utilisation del vocabulario international de facto existente como lingua auxiliar. Mi prime contacto con Occidental via Cosmoglotta inspirava in me un ira contra le propagandistas esperantistic a causa de lor horrificante e grotesc misrepresentation de ille lingua. Certe cosas me chocava: *strax, flicca, til,* sed in le grande lineas illo esseva un revelation a me. Sed adherer a illo? No. Nulle litteratura, nulle cursos, congressos o "coidealistas" a contactar. Le fiasco de ille bon solution se trova sur le plano promotional: Le ex-volapükistas, ex-esperantistas e ex-idistas continuava a discuter in lor Turre de Ebore. Poc e povre manuales e dictionarios restringeva efficacemente le circulos de homines que haberea volite studiar e usar lo.

Un certe "attitude de Couturat" remaneva. De Wahl, linguista genial, pareva in su scriptos esser un poco orgoliose e non multo democratic. Le cognite interlinguistico Erik Berggren, Svedia, qui ha incontrate de Wahl personalmente, ha un toto altere impression de ille, sed ille certo non inspirava le sympatia a su personalitate como lo face Dr. Zamenhof quasi universalmente. Appellar a su adjuta le emotiones e le sentimentos semblava tanto lontan de Occidental como de Ido durante su prime periodo.

Isto es secundo mi conviction – post haber studiate ben le historia del linguas universal, un error grave.

Le transition en bloc del occidentalistas a Interlingua haberea essite un passo natural. Nos les saluta un post le altere ancora hodie cordialmente benvenite. Imagina a vos qual experientias utilissime illes pote apportar – e al mesme tempore influentiar Interlingua per lo que esseva bon in Occidental – "regularitate quando possibile"!

Novial (1928)

Mi prime reaction vidente Novial esseva probabilemente simile a illo de multe alteres: Que es isto? Non Ido que es un obvie filio illegitime de Esperanto. Ni Occidental, – proque non immediatemente comprensibile. Io ha justo perlegite 6 kilos de documentos in e re Novial, correspondentia e tote le deliberationes del "Lingue-Jurie del Novialistes" que discuteva durante plure annos sub le direction de Sr. Valter Ahlstedt de Stockholm. Durante iste discussiones le lingua se cambiava tote le tempore e remaneva in un "stato liquide", certo un idioma plus perlaborate e apte que le original de Jespersen. Le "documentos final" es un grammatica de Novial per Alessandro Baietti e un altere, plus complete per Valter Ahlstedt, le persona sin dubita le plus qualificate.

Sed durante ille annos on faceva nulle effortios pro organisar se e trovar assi un garantia que Novial superviverea. Le 2-e guerra mundial poneva un fin definitive a Novial e ha debilisate Occidental irreparabilemente.

Mondial (1943)

Iste lingua con meritos linguistic considerabile esseva publicate in grammaticas e in dictionarios in ambe directiones bellemente imprimite in svedese, francese, anglese, italiano (e germano). Le dictionarios svedese-mondial non sembla haber essite publicate. Sed in despecto de recensiones laudantissime de plure professores de lingustica de plure paises, le autor Dr. Helge Heimer, professor gymnasial svedese, sembla haber facite nulle reclamo e trovate quasi nulle practicantes. Un de illes, Erik Ahlström de Malmö, deveniva postea un del prime membros de UMI in Svedia.

Esperanto (1887)

Si un lingua auxiliar ha "succedite", isto es Esperanto. On pote haber opiniones diverse del metodos, sed obviemente alcunes se ha provate successose. Proque e como? Como mentionate illo veniva in le "juste" momento. Le volapükistas habeva eveliate le interesse del mundo e nunc se presentava subito un lingua plus facile, mesmo in parte comprensibile. Zamenhof trovava certe adherentes qui immediatemente comenciava publicar magazines, con considerabile sacrificios personal de natura economic, e con enorme investimentos de tempore e labor. Lor entusiasmo esseva contagiose, ubique se fundava clubes que serviva de scolas pro sempre nove adherentes. Contra attaccos illes stava unite, "La Sankta Afero" exigeva isto. Le schismas les fortificava, si non numericamente, tamen in le solidaritate que sempre cresce inter attaccatos. Le personalitate modeste sed indubitabilemente carismatic de Zamenhof dava al congressos un qualitate de celebrationes quasi-religiose. Le lingua functionava ben, le congressos deveniva locos de peregrinage annual, jam ab le prime assatis grande (688 participantes in Boulogne-sur-Mer 1905). Le grande firma Hachette de Paris divulgava le manuales e le litteratura que Zamenhof e jam multe alteres creava in original o traduceva. Isto es le caracteristica del successo: *Le entusiasmo e le prestessa a sacrificar.*

Le positive tracto linguistic le plus importante de Esperanto, sovente subestimate, es le *autonomia*, le grande libertate, quasi sin limitation de crear nove parolas ex morfemas de base e affixos. Un persona non necessita multe lectiones de Esperanto ante poter comenciar ille ipse le creation de parolas que ille besonia. Mesmo un fenomeno como le uso generalisate de MAL-parolas evelia entusiasmo al initio del studio in homines sin grande cognoscentias linguistic. "Malsanulejo", nunc in general exprimite per "hospitalo", non es un construction reservate a Esperanto: in Interlingua on pote circumscriber lo "domo pro malades" (como in D e Sv!) si on ha besonio de un "Interlingua basic" inter novicios. *In Interlingua es possibile un autonomia multo plus grande que illo practicate in scripto hodie.* In conversationes e letteras private iste evolution es jam notabile. Isto merita un capitulo o plus tosto un discurso separate. Interlingua es un lingua vivente e in un tal *le lege del analogia* supera omne altere principios. Un vegetation tanto non-restricte como illo in Esperanto non es necessari o desirabile, proque le scopo de Interlingua de esser comprensibile etiam a non-interlinguistas romanofone pone automaticamente limites.

Le qualitates *linguistic negative* de Esperanto es tanto ben cognoscite inter nos que io non los toccara in iste discurso: *le facto que le esperantistas non pote usar correctemente le accusativo e le multe formas del participios se manifesta nunc etiam in scripto.*

Que es imitande e imitabile in le promotion de Esperanto?

1. Jam mentionate es le entusiasmo e le optimismo. On non enumera pessimisticamente le obstaculos ante attaccar los.

2. Le prestessa a sacrificios.

3. Unitate. (Le disputas del type *-ata/-ita*, que produceva 800 paginas de polemica, es rar.)

4. Illes es organisate in plure stratos: local, regional, national e international. On ha comprendite que mesmo un parvissime organisation es melior que nulle!

5. Le creation de servicios que face Esperanto utile hodie. *Le rete del "delegitoj"* in cata urbe, un sorta de consules qui responde a questiones e adjuta co-membros viagiante. "Pasporta Servo" pro juvene inter-railistas qui pote habitar un o duo dies presso membros. Imitabile!

6. Le sub-organisationes specialisate (= "Fakaj organizaĵoj") esseva jam ab le initio un grave contribution al expansion de Esperanto, ab le parve circulo de "samideanoj" a in le mundo real. Cata un de illos edita un magazin pro su co-entusiastas o collegas, le qual per su mer existentia evelia interesse inter collegas non-esperantistas. (Naturalmente on evita mentionar le numero de adherentes...) Le prime esseva fundate jam in 1906, Internacia Scienca Asocio Esperantista (600 membros), Ferrovieros (2800), Medicos (350), Cecos (500), Filatelistas (90), Catolicos (1200), Evangelicos (1200), Ornitologos (350), Instructores (550) e Computatoristas (?).

Secundo un opinion que io habeva jam ante 35 annos, un arrangiamento melior haberea essite de formar sectiones de esperantistas o, in nostre caso, interlinguistas *intra* le organisationes international pro demonstrar le efficacia del idioma auxiliar. *Le objectivo de tote nostre activitates es ya le utilisation practic del lingua e ecce un metodo pro realisar isto.*

7. Le developpamento de un *metodo de inseniar specificamente designate*
pro le lingua. Un prestre hungare-romanian Cseh inventava un metodo
directe, usante solmente le idioma inseniate, in conversationes amusante.
Instructores educate in le Instituto Cseh in Arnhem, Nederland, viagiava
trans paises e continentes e colligeva 100-150 interessatos in cata curso que
faceva plus que alque altere pro popularisar Esperanto.

Le idea de instructores specialmente educate pro inseniar monolingual-
mente in paises estranier resta recommendabile.

8. Simile "tornos del mundo" esseva etiam interprendite per plure discursa-
tores qui parlava in Esperanto e esseva interpretate per esperantistas local.
Sed – guai – isto esseva ante le television e jam in concurrentia con le radio.

9. Le manifestationes spectacular del *Congressos universal* gania a Espe-
ranto un publicitate a bon mercato pro le movimento. Il ha le risco que le
publico compara nostre Conferentias del Consilio de UMI e del "activistas"
con "la Universalaj Kongresoj".

10. Le politica de Dr. Lapenna de facer Esperanto "hoffähig", acceptabile in
le circulos del alte institutiones international, esseva le juste politica. Gratias
a ille UEA ha obtenite su status consultative presso UNESCO e le resolution
de Montevideo. Un nove resolution in favor de Esperanto recentemente in
Sofia da un altere occasion pro le propagandistas a inflar lor ballones. Iste
ballones le institutiones supranational ha reguardate e trovate impressionante.
Qui inter nos, car amicos, sape le metodo de inflar tal ballones? Sin mentir...

Il ha inter nos homines qui volerea dicer que le differentias inter Esperanto
e Interlingua es tanto grande que illos debe esser ponite sur "le mercato" per
manieras toto diverse. Naturalmente, "tempora mutantur" e circumstantias,
sed le similaritates del objectivos es tamen considerabile, e si nos selige inter
le experientias del "alteres" obtenite per lucta e battalias durante tote un
seculo, nos pote forsan, forsan trovar etiam strategias e metodos profitabile.
Refacer le errores de alteres es inexcusabilemente stupide.

Un del cosas a apprender es que on non debe disdignar le "obolo del vidua"
– le multissime parve contributiones – le quales in le fin pote dar resultatos
splendide. Si UMI como UEA esseva supportate per 50 000 membros, le
mundo *saperea* hodie que il ha un melior alternativa e un que le mundo –
secundo mi experientia – sembla multo plus inclinate a acceptar.

Que nos exploita le experientias de un seculo!

*Discurso al 8-ve Conferentia International de Interlingua,
Paris, Francia, le 14 de julio 1987.*

Leland B. Yeager

Le linguistica como reclamo pro Interlingua

Scepticismo

Plures de nos, quando nos mentiona Interlingua, ha probabilemente experimentate le reaction: "Ma esque il vale le pena de apprender lo? Con qui poterea io parlar? Quante personas lo cognosce? Pauc, nonne? E si nos besonia un lingua pro communication international, nos lo ha jam, nonne – le anglese? Io poterea facer nihil con Interlingua que io non pote facer jam, e melio, con anglese." (Super le universalitate de anglese, vide "The new English empire", *The Economist*, 1986 decembre 20, pp. 127-131. Iste articulo contine qualque paragraphos de minusprecio super Esperanto, nihil super Interlingua. A proposito, ancora un obstaculo al propaganda pro Interlingua es que multes lo associa vagemente con Esperanto e su supponite artificialitate e arbitrarietate e su longe historia de pauc successo.)

Le question si il vale le pena de apprender Interlingua rememora tres interrelationate conceptos del theoria economic – le externalitates, le dilemma del prisioneros, e le problema del gratuite viagiator [externalities, prisoners' dilemma, free rider]. Le uso extensive, in alicun maniera jam realisate, de un nove moneta (specialmente un moneta nongovernamental), un nove institution social, o un lingua international offere avantages a personas qui veni tarde a su uso. Le beneficios pro un nove usator depende del numero de alteres con le quales ille pote usar lo – depende del grado de su uso jam realisate. Iste phenomeno resulta que le prime usatores del nove moneta o institution o lingua, su lanceatores, non pote recolliger pro se *tote* le beneficios de su lanceamento. In comparar le costos e beneficios *pro se* in adoptar lo, le precoce usatores non considera *tote* le beneficios, incluso le beneficios que reciperea le tardive usatores si le nove moneta o institution o lingua attinge in facto un uso extensive. Pro iste ration le nove moneta o institution o lingua pote non esser lanceate del toto o attinger un uso solo inter un parve gruppo de enthusiastas.

Beneficio jam disponibile

In vista de iste factos e iste conceptos de theoria economic, como pote nos, membros del parve gruppo, facer propaganda pro Interlingua? Mi responsa, e le thema de iste discurso, es que le cognoscentia de Interlingua offere beneficios mesmo pro un singule studente, mesmo si pauc alteres prende le pena de studiar lo. Le beneficios pro le singule studente non depende de su uso, jam attingite, per multe alteres. Il es dunque possibile que le obstaculos mentionate es surmontate e que, post toto, Interlingua attinge un uso extensive anque pro communication international.

Lo que il conveni emphasar al eventual studente es que *cognoscer Interlingua significa cognoscer le hereditage linguistic del civilisation occidental.* Isto es ver proque Interlingua, in loco de esser un construction arbitrari, es un systematisation scientific del vocabulario jam existente, un phenomeno cultural que existe objectivemente. Mesmo ante le publication de su dictionarios e grammaticas, illo existeva latentemente in le varie linguas national, ben que quasi concelate per le deformationes characteristic de iste linguas. Le labor de IALA consisteva in pellar iste linguas de lor deformationes specificamente national e revelar lo que illos possede in commun.

Iste factos es familiar a nos hic, membros del Union Mundial pro Interlingua. Lo sur le qual io vole insister hodie es como ille factos pote servir nostre promotion de Interlingua. Brevemente, Interlingua pote servir le singule studente como base pro apprender le vocabulario international, pro melio cognoscer su lingua materne, pro recognoscer systemas de relationes inter le linguas romance utile in lor studio, e anque pro recognoscer affinitates con le linguas nonromance e mesmo non-indo-europee.

Io lassa le elaboration de mi prime puncto – le studio del vocabulario international – a nostre membros svedese, qui ha facite bon uso de Interlingua in cursos scholar. Io va parlar del altere punctos.

Specialmente pro nos cuje lingua materne es anglese, lingua a base duple, germanic e romance-latin, Interlingua offere un medio de approfundamento in nostre vocabulario e anque nostre orthographia. Un grande numero de parolas plus tosto docte o technic contine radices de Interlingua. Ecce alicun exemplos:

nocturnal	nocte	filial	filio
linguistic	lingua	monetary	moneta
ocular	oculo	ebullient	bullir
riparian	ripa	cretaceous	creta
lachrymose	lacrima	natatory	natar
emollient	molle	ligneous	ligno

Plure parolas anglese contine duo radices de Interlingua:

carnivorous	carne, vorar
benevolent	ben, voler
pisciculture	pisce, cultura
mellifluous	melle, fluer
exonerate	ex, onere

Cognoscimento de Interlingua revivifica le metaphoras morte imbalsamate in multe parolas. Del Interlingua *pectore* on vide facilemente le signification litteral del anglese 'expectorate' (expeller del pectore). *Pugno* adduce al mente un homine 'pugnacious' que brandi su pugno. Similemente, 'impugn' voleva originalmente dicer "attaccar per levar le pugno contra qualcuno o qualcosa". Un personalitate 'ebullient' es uno que enthusiasticamente bulli al exterior ('bubbles out'). 'Current', de *currer*, significa litteralmente 'running'. Per cognoscer Interlingua, un scriptor pote tener se alerte al longe parolas de derivation latin que repta a in scriptos preliminar e alerte a possibilitates de eradicar o disherbar ('root out', 'weed out') parolas plus longe o pretentiose que necessari.

Un clave a parentatos inter linguas national

Interlingua servi como base pro recognoscer systematic cambios linguistic in le developpamento del linguas romance e patronos o systemas de similaritate e de differentia inter illos. Illo non es litteralmente lor ancestre, ben secur; ma le maniera de su extraction ex illos assecura que illos devia de illo *como si* de un ancestre commun. Interlingua adopta cata parola in le forma standard del qual le parolas in su subjacente "linguas de controlo" devia in le manieras distinctive que characterisa cata uno de illos. (Super linguas de controlo o fonte e le methodo de extraher parolas international ex illos, vide le Introduction al *Interlingua-English Dictionary*.)

Assi, nomines latin typicamente appare in le forma de un caso oblique e non del caso nominative: *pace* in loco del latino 'pax', *corde* in loco de 'cor', *lumine* in loco de 'lumen', et cetera. Plure parolas international non deriva del toto ab latino, per exemplo *blau, blanc, bira, orgolio, guerra, ric, e camisa*. Pro alicun parolas, omne o le major parte del linguas de controlo emplea un aberration popular del latino classic, que ipse devia del prototypo international. Exemplos include *sposa* in loco del classic 'uxor', *cavallo* in loco de 'equus', *gamba* in loco de 'crus', *pluvia* in loco de 'imber', *parlar* in loco de 'loqui', e *preferer* in loco de 'malle'. Sequente su linguas de controlo, Interlingua abbrevia 'civitas', 'civitate' in *citate*. Pro preservar regularitate in le formation de derivativos, al altere latere, Interlingua se extende retro in le historia de alicun parolas ultra lo que semblarea al prime vista esser lor prototypos moderne. *Tempore*, non *tempo*, es le parola in Interlingua, in vista de *temporari, extemporanee*, et cetera; Interlingua emplea *sanguine* e *pectore* e non parolas plus curte.

Le sequente tabellas illustra alicun ben cognoscite patronos de relationes. Lor scopo modeste es de monstrar como Interlingua qua standard de comparation rende iste patronos accessibile al nonspecialista. Cognoscer alicun de illos facilita apprender le vocabulario e mesmo leger un lingua romance que on non ha activemente studiate.

Un patrono se vide in terminationes:

Interlingua	Italiano	Francese	Espaniol
universitate	università	université	universidad
libertate	libertà	liberté	libertad
liberation	liberazione	libération	liberación
operation	operazione	opération	operación
virtute	virtù	vertu	virtud
attitude	attitudine	attitude	actitud

Portugese	Romaniano	Anglese
universidade	universitate	university
liberdade	libertate	liberty
liberação	liberare	liberation
operação	operatiune	operation
virtude	virtute	virtue
atitude	atitudine	attitude

Cata lingua romance ha su proprie modification de **ct**:

Interlingua	Italiano	Francese	Espaniol
nocte	notte	nuit	noche
lacte	latte	lait	leche
octo	otto	huit	ocho
lucta	lotta	lutte	lucha
facto	fatto	fait	hecho
lactuca	lattuga	laitue	lechuga

Portugese	Romaniano	Anglese (parola cognate)
noite	noapte	nocturnal
leite	lapte	lactic
oito	opt	octet
luta	lupta	ineluctable
feito, facto	fapt	fact
[alface]	laptuca	lettuce

Alicun linguas modifica **li** e **cul** in modos simile:

Interlingua	Italiano	Francese	Espaniol
filio	figlio	fils	hijo
folio	foglia	feuille	hoja
melior	migliore	meilleur	mejor
allio	aglio	ail	ajo
taliar	tagliare	tailler	tajar
oculo	occhio	œil	ojo
speculo	specchio	[miroir]	espejo
lenticula	lenticchia	lentille	lenteja

Portugese	Romaniano	Anglese (parola cognate)
filho	fiu	filial
folha	foaie	foil, foliage
melhor	[mai bun]	ameliorate
alho	aiu	allium
talhar	a taia	tailor, retail
olho	ochiu	oculist
espelho	[oglinda]	speculum
lentilha	linte	lentil

Un consonante initial + **l** exhibi modification characteristic in italiano, espaniol, portugese, e aliquando in romaniano:

Interlingua	Italiano	Francese	Espaniol
plen	pieno	plein	lleno
pluvia	pioggia	pluie	lluvia
clave	chiave	clef	llave
flamma	fiamma	flamme	llama
plaga	piaga	plaie	llaga

Portugese	Romaniano	Anglese (parola cognate)
cheio	plin	plenty
chuva	ploaie	pluvial
chave	cheie	clavichord
chama	flacara	flame
chaga, praga	plaga	plague

Plure linguas face cambios characteristic in **o** in syllabas accentuate:

Interlingua	Italiano	Francese	Espaniol
rota	ruota	roue	rueda
schola	scuola	école	escuela
porta	porta	porte	puerta
ovo	uova	œuf	huevo
nove	nuovo	neuf	nuevo

Portugese	Romaniano	Anglese (parola cognate)
roda	roata	rotate
escola	scoala	scholar
porta	poarta	portal
ovo	ou	oval
novo	nou	novel

Portugese e romaniano exhibi in commun un tendentia de disfacer se de **l** in certe positiones o per cambiar lo in **r** o per lassar lo cader in toto, ben que iste cambiamento eveni plus tosto rarmente in ambe le parolas correspondente in le duo linguas. In le exemplos que seque, le parolas es Interlingua, portugese, e romaniano, in ille ordine.

voluntate	vontade	vointa
celo	céu	cer
molino	moinho	moara
placia	praça	piata
scala	escada	scara
populo	povo	popor
filo	fio	fir
dolor	dor	durere

Portugese, a proposito, ha un simile tendentia de disfacer se de **n**, como in: catena, cadeia; balena, baleia; vena, veia; luna, lua; plen, cheio.

Espaniol, portugese, e francese (ma non italiano e romaniano) exhibi un tendentia de modificar un initial **s** sequite per un altere consonante. In le sequente exemplos, le prime parola es Interlingua: schola, escuela, escola, école; stella, estrella, estrela, étoile; stato, estado, estado, état; sperar, esperar, esperar, espérer.

Romaniano ha tendentias de cambiar **qu** a **p**, **gn** a **mn**, **d** sequite per **e** o **i** a **z**, e **sc** sequite per **e** o **i** a **st**, como in: aqua, apa; quatro, patru; quaresima, paresimi; signo, semn; ligno, lemn; digne, demn; cognato, cumnat; dece, zece; dicer, zice; radio, raza; nascer, naste; pisce, peste; scientia, stiinta; die, zi.

Espaniol cambia **min** a **mbr**: femina, hembra; seminar, sembrar; nomine, nombre; homine, hombre; lumine, lumbre; legumine, legumbre. Un altere note cambio espaniol es de **f** initial a **h**. Le sequentes es exemplos del multe parolas espaniol identic con illos de Interlingua con exception del prime littera: hacer; harina; hilo; heno; humo; herir; haba.

Pois que nos nos reuni in Francia, io adde plure exemplos de characteristic cambiamentos francese. Le **e** o **i** de syllabas accentuate in Interlingua se cambia sovente in **oi**.

me	moi	te	toi
se	soie	rege	roi
lege	loi	feno	foin
seta	soie	sete	soif
tela	toile	vela	voile
creder	croire	deber	devoir
seder se	s'asseoir	frambese	framboise
preda	proie	avena	avoine
derecto	droit	tecto	toit
que	quoi	proque	pourquoi

fide	foi	vice	fois
ficato	foie	via	voie
sia	soit	pilo	poil
pira	poire	pice	poix
piso	pois	digito	doigt
minus	moins	pipere	poivre
vider	voir	biber	boire
nigre	noir	frigide	froid

C sequite per un vocal se cambia sovente in **ch**:

cantar	chanter	cambiar	changer
camera	chambre	campo	champ
car	cher	capra	chèvre
can	chien	catto	chat
cavallo	cheval	camoce	chamois
cosa	chose	cammino	chemin
cercar	chercher	vacca	vache
peccar	pécher	rocca	roche
bucca	bouche	toccar	toucher
branca	branche	broca	broche
musca	mouche	escappar	échapper
eradicar	arracher	attaccar	attacher

L in certe positiones se cambia sovente in **u** (ben que non, typicamente, con le pronunciation del "**u**" in Interlingua):

vitello	veau	tonnello	tonneau
alte	haut	salve	sauf
belle	beau	pelle	peau
martello	marteau	cisello	ciseau
flagello	fléau	penicillo	pinceau
morsello	morceau	fardello	fardeau
mantello	manteau	sigillo	sceau

S in certe positiones (o **x**, con sono "**ks**") disappare, lassante como tracia un accento acute o circumflexe:

scriber	écrire	schola	école
specie	épice	spino	épine
spinula	épingle	stabula	étable
esclusa	écluse	excambiar	échanger
ostrea	huître	asino	âne
pasta	pâte	vesperas	vêpres

aspere	âpre	haste	hâte
costa	côte	tosto	tôt
rostir	rôtir	nascer	naître
fenestra	fenêtre	pascha	Pâques

Alicun parolas francese exhibi duo o mesmo tres del supramentionate cambios al mesme tempore:

capillo	cheveu	calve	chauve
calde	chaud	stricte	étroit
caule	chou	falcar	faucher
rastrello	râteau	castello	château

Le avantages special de Interlingua

Iste exemplos monstra como Interlingua evita deformar le parolas prototypic como lo face le individual linguas romance in lor modos characteristic. Iste conservatismo rende Interlingua plus utile que alicun lingua national como base pro studiar le alteres. In studiar francese sur le base de espaniol, per exemplo, le studente deberea manear le characteristic distortiones de tote le duo; Interlingua le permitte de concentrar se sur le characteristicas del francese solo. Plure parolas in le differente linguas romance ha subite cambios que cela lor relationes; totevia, Interlingua como standard de referentia rende le relation obvie, como con: espaniol *heno*, francese *foin*, Interlingua *feno*; espaniol *vez*, francese *fois*, Interlingua *vice*; espaniol *hecho*, romaniano *fapt*, Interlingua *facto*. In plus, Interlingua evita le integre lapsos ab internationalitate que occurre sovente in individual linguas romance – sia parolas de differente derivation del latino que in le altere linguas romance sia parolas de origine nonlatin. Exemplos del prime typo es francese *boulanger* pro Interlingua *panetero*, *filet* pro *rete*, *cadeau* pro *dono* o *presente*, *endroit* pro *loco* (ma anque francese *lieu*), e *acheter* pro *comprar* o *emer*. Exemplos espaniol include *espalda* pro *dorso*, *sombrero* pro *cappello*, e *ventana* pro *fenestra*. Exemplos del secunde typo include parolas germanic in francese – *honte* pro *vergonia*, *bouillard* pro *nebula*, *haïr* pro *odiar*, *choisir* pro *optar* o *seliger* – e parolas arabe o basc o preroman in espaniol – *alfombra* pro *tapete*, *zorra* pro *vulpe*, *arroyo* (ultra *río*) pro *rivo*.

In comparation con latino, Interlingua ha le avantage de esser plus simple e moderne in grammatica e idiotismos, de posseder parolas pro moderne technologia e conceptos, e de emplear radices de latino vulgar o nonlatin ubi istos ha displaciate latino classic in tote o le major parte del moderne linguas romance. Isto non implica un rivalitate inter Interlingua e le altere linguas. Al contrario, illo offere un excellente introduction a illos, latino includite. Illo debe incoragiar le studente e per illustrar como latino vive ancora in su descendentes e per esser utile a ille mesmo al initio de su studios.

Interlingua e le linguas nonromance

Ma esque Interlingua ha ulle attraction al parlatores native de linguas nonlatin o pro le studio de tal linguas? Si. Illo pote servir qua base pro identificar systematic relationes o cambiamentos inter linguas greco-latin e germanic; per exemplo: Interlingua *corno*, anglese *horn*, germano *Horn; capite, head, Haupt; casa, house, Haus; pede, foot, Fuß; pisce, fish, Fisch.* Ma io non vole hodie imbarcar sur iste vaste topico.

Le vocabulario ordinari del linguas germanic exhibi pauc obvie affinitate con le vocabulario international crystallisate in Interlingua, ma iste linguas possede anque multe parolas plus technic o docte prendite in presto del vocabulario international. Un autor anonyme (forsan le redactor, Sr. K. Wilgenhof) presenta exemplos in *Novas de Interlingua*, februario 1966. Le pauc comprensibile phrases danese e nederlandese "De stedlige myndigheder godkender udkastet" e "De plaatselijke overheid aanvaardt het ontwerp" deveni, in danese e nederlandese empleante parolas international, "De lokale autoriteter akcepterer projektet" e "De locale autoriteiten accepteren het project". Pois le autor demonstra le affinitate a Interlingua de textos in danese, germano, nederlandese, e svedese que emplea le vocabulario international. Hic io cita solmente le versiones german e svedese.

Das philharmonische Orchester wurde in sublimer Weise dirigiert in Bruckners dritter Symphonie. Der Solist im Konzert für Violin und Orchester von Tschaikowsky war brillant. Als ein Intermezzo demonstrierte das neue Kammermusikensemble für das enthusiastische Publikum seine perfekte Virtuosität in der Sonate für Flöte, Altgeige und Harpe von Debussy.

Den filharmoniska orkestern dirigerades sublimt i Bruckners tredje symfoni. Solisten i konsert för violin och orkester av Tjajkovskij var briljant. Som intermezzo demonstrerade den nya ensemblen för kammarmusik för den entusiastiska publiken sin perfekta virtuositet i sonat för flöjt, alt och harpa av Debussy.

Interlingua adjuta in apprender le vocabulario anque in linguas ultra le familia romance. Multe parolas in germano, per exemplo, es calques, traductiones in presto [loan translations]. In vice de prender in presto un parola latin, radice e toto, le germano sovente prende solo su patrono, formante un parola equivalente ab radices native. Pro vider que le german *Mitleid* corresponde a *sympathia* o *compassion*, il conveni saper que le german *mit* e *leiden* corresponde al *con* e *patir* de Interlingua (compara le anglese *sympathy, compassion, with,* e *suffer*). Ecce ancora qualque exemplos de iste specie de correspondentia:

Germano	Interlingua	Anglese
unterwerfen	sub, jectar	to subject
unterdrücken	sub, premer/press-	to suppress
Ausstellung	ex, poner/posit-	exposition
widersprechen	contra, dicer/dict-	to contradict
abhängen (von)	de, pender	to depend (on)
Hang	(pro), pender/pens-	propensity
annehmen	ad, caper/-cept-, sumer	to accept, assume
ausnehmen	ex, caper/-cept-	to except
Wasserleitung	aqua, ducer/duct-	aqueduct
Handschrift	mano, scripto	handwriting, manuscript
enteignen	ex, proprie	to expropriate
Zwischenspiel	inter, ludo	interlude
Schneider	taliar	tailor
Fall	cader/cas-	case
Zufall	ad, cader/-cid-/cas-	accident
überflüssig	super, fluer	superfluous
greifbar	palpar, -abile	palpable
Löwenzahn	dente, de, leon	dandelion

Traductiones in presto abunda anque in linguas non-romance e non-germanic e mesmo non-indo-europee. Ecce qualque exemplos de russo e hungaro:

Russo	Hungaro	Interlingua	Anglese
vvedenie	bevezetés		introduction
v, voditj	be, vezetni	intro, ducer/duct-	
rukopisj	kézirat		manuscript
ruka, pisatj	kéz, irni	mano, scriber/script-	
podpisatj	aláírni		to subscribe
pod, pisatj	alá, irni	sub, scriber	
vvozitj	behozni		to import
v, vozitj	be, hozni	in, portar	
perekhod	átmenet		transition
pere, khoditj	át, menni	trans, ir	
izdanie	kiadás		edition
iz, datj	ki, adni	ex, dar/-der/-dit-	

vpechatlenie	benyomás		impression
v, pechatj	be, nyomni	in, premer/press-	
polnomochnyj	teljhatalmú		plenipotentiary
polnyj, mochj	teljes, hatalom	plen, potentia	
protivorechie	ellenmondás		contradiction
protiv, rechj	ellen, mondani	contra, dicer/dict-	
sostavljatj	összetenni		to compose, assemble
so, stavitj	össze, tenni	con, poner/posit-	

Exemplos de traductiones in presto – in germano, russo, hungaro e altere linguas – pote multiplicar se quasi a grado. Il debe esser obvie como un cognoscentia de Interlingua adjuta a recognoscer los.

Altere usos de Interlingua

On pote emplear Interlingua mesmo con personas que non lo ha studiate. Io lo ha empleate – non frequentemente, io debe confessar – in litteras a parlatores de italiano e espaniol. Mesmo quando on pote assumer que le recipiente lege anglese, le scriber nonobstante in Interlingua – specialmente per nos anglosaxones, qui ha le reputation de minuspreciar altere linguas e expectar tote personas de usar le nostre – iste uso pote evitar le semblantia de arrogantia e exprimer un certe cortesia. Pois que Interlingua es multo simple e non es le lingua materne de ulle persona, le usator ha pauc ration de preoccupar se de eventual errores in grammatica o idiotismos. Interlingua offere un certe neutralitate: inter su usatores, nemo ha le avantage distincte de usar su lingua materne.

Io ha observate que studentes de economia ab Brasil, Italia, e Catalonia (Espania) pote comprender le Interlingua scribite e parlate facilemente sin previe studio. Parlante un pauc de espaniol e de italiano, io non ha habite le corage de essayar Interlingua quando io viagiava in Espania, Mexico, e Italia; forsan io timeva mystificar le gente o facer los pensar que io massacrava lor proprie lingua. Ma Sr. Frits Goudkuil me ha dicite (al reunion a Taastrup duo annos retro) que ille habitualmente parla Interlingua quando ille viagia in Espania e Italia. Io spera que nos va audir plus de tal experientias.

Conclusion

Le eventual recruta a Interlingua trovara avantages in apprender lo mesmo hodie, quando su adherentes es pauc. Ille potera communicar con multe milliones de parlatores de italiano, espaniol, portugese, romaniano, e catalano, e in certe grado con parlatores de altere linguas. Interlingua le adjutara a approfundar su vocabulario in su lingua materne, a apprender altere

linguas, e a decifrar textos in plure linguas sin previe studio. Illo es un clave
a parentatos inter le linguas romance e mesmo le linguas indo-europee: illo
ha un valor scientific.

Interlingua offere iste avantages proque, lontan de esser un construction
arbitrari, illo systematisa le hereditage linguistic de nostre civilisation. Su
avantages forsan promovera su adoption general pro communication inter-
national. Mesmo alora, iste uso esserea un supplemento al utilitate perdu-
rante que illo jam possede.

Leland B. Yeager

Artificialitate, ethnocentrismo,
e le linguas oriental:
le caso de Interlingua

Duo objectiones al projectos interlinguistic

Duo objectiones al idea de un lingua auxiliar se incontra frequentemente: (1) que un tal lingua es artificial, sin le base e associationes cultural de un ver lingua, e (2) que illo es ethnocentric. Forsan "ethnocentrismo" non es le parola exacte, ma io voleva exprimer le objection con un singule parola in le titulo de mi discurso. Le objection se refere a un supponite partialitate in favor del cultura occidental, mesmo europee.

Iste duo objectiones non es integremente compatibile le un con le altere. Esque un lingua auxiliar pote esser partial a un civilisation particular sin haber particular associationes cultural? Ma io non va insister super iste incompatibilitate; forsan differente personas face le separate objectiones.

Iste objectiones se incontra per le plus grande parte in conversationes, ma occasionalmente anque in imprimitos. Ambes se trova – inconsistentemente? – in remarcas de H. L. Mencken supplementate per su redactor Raven I. McDavid, Jr. (1986, p. 772, con nota citante altere autores). "Le difficultate con omne linguas 'universal' es que le succos del vita non curre del toto in illos. Illos es le creationes de eruditos necante se in turbide oceanos de prefixos e suffixos morte, e assi illos face fiasco per non satisfacer le besonios de un mundo altemente human." [The trouble with all the 'universal' languages is that the juices of life are simply not in them. They are the creations of scholar drowning in murky oceans of dead prefixes and suffixes, and so they fail to meet the needs of a highly human world.] On subleva objection anque a "lor devotion parochial al vocabulario latinate e lor nonchalant indifferentia a omne linguas de Asia e Africa" [their parochial devotion to the Latinate vocabulary and their blithe unconcern with all the languages of Asia and Africa].

Io non dice que ambe assertiones es false. In effecto, cata un ha alicun base factual. Plus tosto, iste objectiones pesa pauc como argumentos contra apprender, emplear, e propagar Interlingua.

Le carga de artificialitate se applica, certo, a alicun linguas "construite", notabilemente al ancian projectos "philosophic", projectos totalmente foras de contention. Le carga se applica in minor grado a Esperanto (mentionate

58

per Mencken/McDavid) e in minime grado a Interlingua. E que es tanto desirabile, post toto, in un evolution purmente spontanee? (Le evolution del scriptura chinese e japonese, que io va discuter, evoca un certe scepticismo contra un tal manco de deliberation.) Ben que Interlingua non esseva inventate ab initio, illo es un distillation, extraction, profilisation – facite deliberate- o conscientemente – del material linguistic jam existente.

Ma anque alicun linguas national es artificial – si illo es le parola juste – in le mesme modo general. Le germano e le serbocroato, per exemplo, es le profilisationes o standardisationes de lor dialectos (cf. Mises, 1919/1983, capitulo I; Branko Franolic' in Fodor e Hagège 1983, II, 85-112); le italiano ha essite in certe grado planificate (Johannes Kramer in Fodor e Hagège 1983, II, 301-316); e le hebreo de Israel es le resultato de un resurrection artificial (Michel Masson in Fodor e Hagège 1983, II, 449-478). Ma esque iste quasi-artificialitate conta como un objection contra iste linguas? Interlingua sta in relation al linguas romance e anglese, su linguas de controlo, como Hochdeutsch in relation al dialectos german.

Interlingua possede un qualitate natural que lo rende un denominator commun de su linguas de controlo e del altere linguas romance. (Io ha discutite iste aspecto a nostre congresso de 1987.) Pois que le nederlandese ha prendite multo in presto del linguas romance e del vocabulario greco-latin, on pote considerar Interlingua un clave anque al lingua de nostre pais hospite.

Lontan de carer in associationes cultural, in "succos del vita", Interlingua possede le associationes implicite in su vocabulario del civilisation occidental e del nostre hereditage greco-latin.

Iste facto duce al secunde objection: que Interlingua non da representation equal al linguas foras de su gruppo de controlo e que (per implication) illo ha un predisposition cultural si non racial.

Certo illo non da representation equal. Un essayo a facer lo resultarea in un mixtura confuse. A illo mancarea le qualitate que lo recommenda le plus – su naturalitate, simplicitate, e facilitate a apprender. In dar representation al linguas exotic, a "omne linguas de Asia e Africa", como dice Mencken/McDavid – in prender parolas e phonemas hic e tractos grammatic illac – illo necessarimente lo facerea in modo arbitrari. Iste aspecto arbitrari multo augmentarea le labor necessari pro apprender Interlingua e diminuerea su servicios como clave a un grande gruppo de linguas natural.

Le civilisation occidental

Un altere responsa al accusation de ethnocentrismo es que anque multe linguas exotic, incluso linguas non-romance e non-indo-europee, prende parolas in presto del tresor verbal que forma le base de Interlingua. Illos lo face per prender parolas directemente e per traductiones in presto (calques). Io ha date plure exemplos in mi discurso de 1987, e certo doctor Jeszenszky poterea dar exemplos de ambe species de prestos in su lingua maternal non-indo-europee (cf. István Fodor in Fodor e Hagège 1983, II, 66-67, 74-75).

Le partialitate de Interlingua al cultura occidental reflecte le diffusion del scientia e technologia moderne trans le mundo. In grado que il existe un cultura vermente international, manifestate, per exemplo, mesmo in le vestimentos de homines e feminas de affaires, isto es in base de origine occidental. Defender su reflection in Interlingua es ni ethnocentric ni racista; anque asianos, africanos, e alteres ha facite grande contributiones a iste cultura dicite "occidental". Ulle lingua pro uso international e associate con le scientia e cultura international es necessarimente aperte al accusation de ethnocentrismo in le mesme senso – injustificate – que lo es Interlingua.

Si un lingua va prevaler in uso general international, isto quasi necessarimente essera o le anglese o Interlingua o un lingua multo affin a Interlingua. Le systemas vermente artificial es, como jam dicite, foras del concurso; e le principios del naturalitate propellera le resultato de effortios interlinguistic a un resultato quasi indistinguibile de Interlingua. (Io consilia nos adherentes de Interlingua de non facer polemica contra systemas como occidental, anque appellate Interlingue, proque lor adherentes, si alicunos es ancora active, es plus tosto alliatos que adversarios in un movimento naturalista que resultara in alique essentialmente le mesmo que Interlingua. Io consilia anque non polemisar contra Esperanto.)

Alora, le selection jace inter anglese e Interlingua. Ora, qual del duo es plus aperte al accusation de ethnocentrismo? Le question responde a se. Interlingua gaude de un neutralitate mancante de ulle lingua national: illo es facile a omnes a apprender sin dar le avantage a ulle nation particular de esser su lingua materne.

Ancora un parola super le supponite ethnocentrismo. Nos non debe haber vergonia del civilisation occidental o greco-roman-europee. Illo nos ha date non solo le scientia, technologia, medicina moderne, e theoria economic ma anque le ideas del libertate personal, democratia, internationalismo, e pace. Un guerra es hodie quasi inconcipibile inter le nationes que possede governamentos securmente democratic e systemas economic securmente capitalista. Le menacia al pace, libertate, e prosperitate veni de un altere campo.

Le chinese e le japonese

Ma io vole restringer le resto de iste discurso a themas linguistic.

Un facto pote semblar un embarrasso pro Interlingua: le duo plus importante linguas oriental, le chinese e le japonese, se appropria relativemente pauco del tresor greco-latin-romance que es al base de Interlingua. In formar nove parolas pro nove cosas e conceptos, illos se servi principalmente de lor proprie recursos linguistic (con le exception recente del numerose prestos japonese ex le anglese).

In le epocha moderne le vocabulario chinese ha crescite enormemente sin augmentation correspondente de basic syllabas significative. Al comenciamento del grande apertura de China in le 19e seculo al commercio con le West e al communicationes con le massas, il es ver que nove terminos se adoptava phoneticamente: *demokelaxi* (democratia), *sidike* (baston, del anglese '(walking) stick'). Ma un methodo plus essentialmente chinese es dar un equivalente al idea detra le nove parola: *minzhu* (populo-governamento), *shouzhang* (mano-palo), *tielu* (ferrovia, con le mesme signification litteral como in Interlingua), *dianhua* (telephono, electric-parlar, o plus litteralmente fulmine-parlar). Plure de tal parolas se cuneava ex elementos chinese primo in japonese, plus avantiate in le occidentalisation, e pois se prestava retro a in le chinese. Etiam le termino *guoyu* (national-lingua) se adoptava ex le japonese *(kokugo)* al comenciamento del 20e seculo. Altere exemplos es *mudi* (fin o intention), *zonghe* (synthese/tic), *fouding* (negation), e *fuwu* (servicio). In formar moderne terminos scientific, le chinese prefere le description al mer etiquettation. Le bussola magnetic, un invention chinese, es le puncta-sud-agulia. In moderne terminos chimic, le occidental **per-, -ato**, e **-ido** es reimplaciate per lor quasi-equivalentes **guo, suan**, e **hua**; le scriptura compone characteres chinese ex elementos ("radicales") appropriate, como illos pro petra o metallo o gas. Le lingua ex le qual le chinese moderne prende in presto plus liberemente es le chinese classic. (Egerod 1981, pp. 803-804; Newnham 1971, pp. 69-70.)

Iste modo distinctive de adoptar o formar nove parolas sembla explicar se per le particularitates de phonetica e scriptura, specialmente in le chinese, e le longe developpamento del duo nationes in quasi-isolation del mundo occidental. Al initio de contactos regular inter est e west, le habitude del chineses e japoneses de fider se a lor proprie recursos linguistic esseva jam consolidate.

Le chinese e le japonese appertine a familias linguistic totalmente differente de illos del linguas occidental. Fundamentalmente o in base, de plus, iste duo linguas differe totalmente inter se; illos appertine a familias sin ulle cognoscite parentela. Le chinese e le japonese es tanto differente le uno del altere que cata uno es del anglese.

Desde multe seculos, totevia, le japonese ha adoptate multo del chinese, pois que China possedeva in epochas passate un civilisation plus avantiate. Iste relation ha un parallelo in le developpamento del anglese, lingua de base german que ha prendite multo del francese e del vocabulario greco-latin.

Kanji e kana

Le japonese ha prendite, in particular, le scriptura con ideophonogrammas chinese. Iste characteres se appella "hanzi" in chinese e "kanji" in japonese; le parola "kanji" se emplea in anglese e altere linguas occidental; e alora io lo empleara hic in loco del inhabile locution "characteres chinese" o "characteres sino-japonese". Le japoneses ha adoptate non solo le kanji ipse ma anque multe parolas chinese scripte in illos, specialmente parolas docte.

In plus, illes ha adoptate le habitude de formar parolas pro nove cosas o ideas per nove interpretationes del kanji existente, per nove kanji componite ex elementos familiar (i.e., familiar combinationes de tractos de pincel o penna), e, specialmente, per combinar duo o plus kanji. Le radices o elementos semantic representate per kanji corresponde in chinese e japonese al radices greco-latin in le linguas occidental.

In adoptar, trans le seculos, le kanji pro scriber lor proprie lingua – que, io repete, es fundamentalmente differente del chinese – le japoneses ordinarimente dava lor pronunciation native al singule kanji. Per exemplo, le japoneses lege le kanji pro "foco" como "hi" e illo pro "montania" como "yama", parolas totalmente non-chinese. Ma sovente in parolas componite ex duo o plus kanji, le japoneses emplea un supponite pronunciation chinese. Le combination del duo kanji mentionate, que significa "vulcano" (foco-montania), se lege non "hiyama" ma "kazan". Multe kanji usate in le japonese, alora, ha duo o plus pronunciationes, uno o plus native e uno o plus imitante illo chinese. Le pluralitate de pronunciationes quasi-chinese se explica per le adoption de kanji con lor multiple significationes in varie seculos e ex varie partes de China. Illo se explica, in plus, per deformationes a causa del differentias inter le systemas phonetic del duo linguas. Illo chinese es multo plus complicate que le phonetica japonese; le famose phenomeno del "tonos" chinese es solo un del complicationes.

Le major dialectos regional del chinese differe inter se approximatemente como le italiano, francese, espaniol, e portugese. Como le latino functionava como commun lingua scripte in Europa usque alicun seculos retro, le scriptura in kanji functiona in China (Paul Kratochvil, citate in DeFrancis 1984, p. 55). Hodie le governamentos e de Beijing e de Taipei se effortia de consolidar un si-nominate *guohua* o *putonghua* ("national lingua" o "commun lingua", previemente appellate le mandarin) al base del pronunciation del region de Beijing.

Jam desde seculos, anque millennios, le scriptura chinese ha essite plus phonetic que ideographic. In qualcunque lingua, un scriptura integremente ideographic, sin correspondentia inter le signos semantic e le sonos del parolas parlate, exigerea impossibile prodessas del memoria human (DeFrancis 1984, p. 163).

Il es ver que le scriptura chinese ha originate, millennios retro, ex picturas stylisate de objectos actual – sol, luna, aspectos del paisage, plantas, utensiles, animales, personas, etc. Pro representar ideas abstracte, on pote haber recurso a anologias. E in chinese e in japonese, le kanji que significa "electricitate" o "electric" es le mesme que illo pro "fulmine" (on pensa al experimento de Benjamin Franklin); e iste kanji, in su torno, es illo pro "pluvia" con tractos additional pro suggerer un colpo de fulmine. (In China communista iste kanji pro "electricitate" es simplificate per solo le parte additional.)

Forsan il essera de interesse vider varie modificationes del kanji per "pluvia". Le pagina sequente monstra anque plure modificationes del kanji pro "metallo" o "auro". On pote remarcar que le chinese ha elaborate un singule kanji pro cata uno del 105 elementos chimic (Wu 1979, pp. 973-974). Il ha quatro categorias de iste kanji, illos scripte con le "radicales", o basic gruppos de tractos, significante "metallo", "petra", "gas", e "aqua". (Le ultime categoria contine kanji solo pro le duo elementos, le mercurio e le bromo, que es liquide in le conditiones ordinari.) Pro alicun elementos, in textos non-technic, on emplea anque parolas componite de duo kanji.

pluvia	雨	cupro	銅
nive	雪	stanno	錫
bruma, nebula	霧	plumbo	鉛
nube	雲	aluminium	鋁
grandine	雹	uranium	鈾
iride	霓	clavo	釘
tonitro	雷	agulia	針
fulmine, electricitate	電	campana	鈴
metallo, auro	金	speculo, lente	鏡
argento	銀	serra, serrar	鋸
ferro	鉄	soldar	銲
aciero	鋼		

Ultra le analogia, un altere expediente pro scriber parolas abstracte es le *rebus*, lor representation per picturas o per kanji pro altere parolas que se pronuncia similemente. Le exemplo classic es le parola chinese *lai*, 'venir', originalmente scribite per le pictogramma pro un specie de tritico cuje nomine se pronunciava le mesmo. E le sono e le kanji se ha cambiate trans le seculos; ma como dicite, le scriptura del parola pro 'venir' ha originate de un rebus (DeFrancis 1984, p. 80).

Le kanji pro 'venir' ha essite importate in le japonese con le pronunciation native de "kuru" e le pronunciation chinese imitate de "rai". On debe remarcar que le sono "r" ("r" ordinari, distincte de un mixtura de "r" e "i") es rar in chinese. Le sono "l" non existe in japonese e se substitue in parolas estranie per "r".

Hodie, plus de novanta per cento del kanji in le chinese ha al minus duo elementos (combinationes standard de tractos de pincel). Uno da un suggestion vage del signification e le altere suggere, ben que non sempre accuratemente, le sono o pronunciation. Per exemplo, le kanji componite del "radical" pro 'pisce' plus un elemento phonetic *huang* (o illo pro 'jalne' o illo pro 'imperator') significa le pisce "sturion". Le kanji pro "oceano" se compone del radical pro 'aqua' plus le elemento phonetic *yang* ('ove'). (On poterea citar altere exemplos in le kanji al pagina precedente.) In approximatemente duo tertios de omne characteres, le elemento phonetic da un utile indication (DeFrancis 1984, pp. 82, 143).

Plure kanji ha plus de un sono, e le plus grande parte del sonos pote representar se per plure kanji. Alora, ben que on pote considerar que le chinese ha un scriptura phonetic, illo es multo imperfecte, multo inefficiente.

Le rolo del kanji es forsan etiam minus satisfactori in le japonese, o lo esseva ante le Secunde Guerra Mundial. Le explication debe prefaciar se con un altere explication. Le japonese, in contrasto con le chinese, es un lingua agglutinative: multo se exprime per inflexiones del verbos e mesmo del adjectivos; e le substantivos, ben que carente de inflexiones de caso grammatic in le stilo del latino o russo, es sequite per postpositiones indicante le equivalente. Iste apparatos grammatic a pena poteva representar se per kanji ordinari. Jam multe seculos retro, consequentemente, le japoneses ha inventate un methodo pro adder iste inflexiones grammatic al parolas radice scribite per kanji. Illes ha simplificate certe kanji a in un quasi-alphabeto o, plus precisemente, un syllabario. Su symbolos o quasi-litteras non representa separate vocales e consonantes ma representa, ultra le cinque vocales, combinationes de un consonante plus un vocal (ka, ki, ku, ke, ko, sa, shi, su, se, so, etc.) e anque, per exception, le **n** al fin de un syllaba. In effecto, il ha *duo* de iste syllabarios. Le prime, le *hiragana*, se emplea principalmente pro scriber le native inflexiones grammatic e le postpositiones. Le altere, le *katakana*, se emplea pro transcriber nomines e altere parolas estranie.

Il habeva un altere uso pro le *hiragana*. Frequentemente, specialmente in le jornales japonese, on indicava le pronunciation del kanji assatis rar per scriber, al latere, parve *hiragana*, le si-nominate *furigana*. "On hesita pro un epitheto pro describer un systema de scriptura tanto complexe que illo ha besonio del adjuta de un altere systema pro explicar lo. Il ha nulle dubita que illo provide pro alicunos un fascinante campo de studio, ma como instrumento practic illo es certo sin inferiores" (George Sansom in un libro de 1928, citate in DeFrancis 1984, p. 159).

Post le guerra le governamento japonese ha reducite le numero de kanji in uso sanctionate a approximatemente duo milles, e ora le japoneses educate non ha ancora besonio del *furigana*.

Quante kanji existe in total? Nemo sape. Le dictionario japonese de Nelson contine 5446, le *New Practical* dictionario chinese 7331, a non contar parolas componite ex duo o plus kanji; e on debe imaginar que il existe plure kanji exceptionalmente rar (Egerod 1981, p. 804, remarca 40 545 kanji in un dictionario chinese de 1716). De plus, il es un joco facile inventar nove kanji ex elementos jam existente.

Un alphabeto o syllabario como le duo systemas *kana* non existe in le chinese. Un exception minor es un systema de signos phonetic, analoge al Alphabeto Phonetic International, que se emplea in alcun dictionarios pro indicar le pronunciation del kanji. Iste systema es plus usate assi, e anque in le scholas elementari, in Taiwan que in China communista. Illo non se emplea in le scriptura ordinari. In general, le symbolos ha habite pauc impacto e ha contribuite pauco al reforma del scriptura chinese" (DeFrancis 1984, p. 243).

Alora, omne parolas adoptate in chinese ex linguas estranie debe scriber se in kanji. A causa del phonetica idiosyncrasic del chinese e su deficiente scriptura phonetic, le adoption de parolas estranie es limitate (con pauc exceptiones del quales io va dar alicun exemplos) al nomines de personas e locos. Tal nomines debe representar se per kanji seligite plus o minus arbitrarimente pro lor similaritate in sono, anque lontan, a cata syllaba del nomine estranie. Exemplos: Xinjiapo (Singapore), Bajisitan (Pakistan), Rineiwa (Geneva), Luoma (Roma), Alabama (Alabama). Frequentemente le syllaba **ma** se representa per le kanji pro 'cavallo'.

Alora, le chinese non es apte a adoptar le vocabulario greco-latin de scientia e technologia. Il es troppo difficile representar per kanji e le pronunciation e le orthographia de iste vocabulario. In 1918 le philologo Qian Xuantong ha exprimite le desperante opinion que le linguage e scriptura chinese esseva tanto inapte pro le tempore moderne que illos debeva substituer se per Esperanto o alicun altere lingua estranie (DeFrancis 1984, p. 243).

In compensation, le chinese ha su proprie contraparte del vocabulario greco-latin: su radices, o elementos semantic, cata uno representate per un kanji, ex le quales on pote componer parolas pro nove conceptos scientific e technologic. Como jam mentionate, anque le japonese ha un longe tradition de exploitar iste tresor semantic representate per kanji. Iste methodo de componer nove parolas es illustrate in le listas que va sequer.

In adoptar parolas estranie, le japoneses pote usar o kanji o lor syllabario *katakana*. Con iste secunde recurso, le japoneses es plus preste que le chineses a adoptar parolas estranie in un approximation – anque distante – del pronunciation del lingua original. Iste disposition del japoneses – disposition specialmente note desde le Secunde Guerra Mundial de adoptar parolas anglese – es le supra-mentionate exception al generalisation que le duo linguas non adopta parolas occidental. Per exemplo, le japoneses scribe *shoppingu-sentaa* (ab "shopping center"), durante que le chineses scribe cinque kanji que vole dicer "citate-suburbio-commercio-area".

In le exemplos io empleara pro le chinese le romanisation "pinyin" (romanisation official communista) e pro le japonese le romanisation Hepburn. Io non pote garantir consistentia total, specialmente proque le duo plus grande dictionarios chinese-anglese e anglese-chinese que io possede veni de Taiwan, ubi le autoritates se oppone al romanisation pinyin. Mi processator de parolas (*waado purosessa* in japonese) non ha ni le symbolos pro le tonos chinese ni le macron pro longor de vocales in japonese. Alora, a minus de entrar le symbolos pro le tonos per mano, io los omitte (lo que se permitte in le romanisation pinyin); e io indica longe vocales japonese per duplication (anque permittite). On debe remarcar que le longe vocales **ee** e **oo** se pronuncia como in nederlandese e non como in anglese.

Duo dictionarios que io per caso possede illustra le relation inter le chinese e japonese scripte. Uno, comprate in Taiwan, ha le titulo, translitterate in pinyin, de *Zuixin Shiyong Han-Ying Cidian*. Le kanji significa, litteralmente, "Plus Nove Practic Uso Chinese Anglese Parola Codice". Le identic kanji ha bon senso anque in japonese ma se pronunciarea "saishin jitsuyoo kan-ei jiten". In effecto, io possede anque le dictionario japonese de Nelson, cuje titulo in kanji es *Saishin Kan-Ei Jiten*, alora, le mesme titulo sin le parola "practic-uso". *Ambes* se appella un dictionario Han-Ying, i.e., Kan-Ei. On debe explicar que le kanji Han = Kan, pro "chinese", non es le usual pro designar le pais ma illo pro le nationalitate "han" e su scriptura. Alora, in le titulo del dictionario de Nelson, le *Kan* de *Kan-Ei* se refere al kanji empleate in le japonese; e le titulo anglese es *The Modern Reader's Japanese-English Character Dictionary*.

In 1945, ante le grande unda de prestos japonese ex le anglese, on poteva scriber, "un bon percentage – in alicun campos plenmente le medietate – de omne terminos technic in chinese e japonese es identic" in forma scripte (Gerr 1945, p. iii).

Exemplos del vocabularios chinese e japonese

Hic seque listas pro illustrar le relation inter le vocabularios chinese e japonese e le vocabulario plus international.

Parolas scripte con le mesme kanji in le duo linguas

Signification	Signification del kanji	Romanisation chinese	Romanisation japonese
China	centro-pais	Zhongguo	Chuugoku
Japon	sol-origine	Riben	Nihon
Beijing	nord-capital	Beijing	Pekin
Taipei	Tai(wan)-nord	Taibei	Taihoku
Hong Kong	fragrante-porto	Xiang Gang	Honkon
Tokyo	est-capital	Dongjing	Tookyoo
Popular Republica de China	centro-flor-persona-populo-republica-pais	Zhonghua Renmin Gongheguo	Chuuka Jimmin Kyowakoku
Republica de China	centro-flor-populo-pais	Zhonghua Minguo	Chuuka Minkoku
Partito Communista	insimul-proprie-tate-partito	Gongchandang	Kyoosantoo
Partito Nationalista	pais-populo-partito	Guomindang	Kokumintoo
Fluvio Amur	nigre-dracon-fluvio	Heilongjiang	Kokuryuuko
Grande Muro	decemille-millia-longe-fortification	Wanli Zhang-zheng	Banri Choojoo
Corea	matino-fresc	Chaoxian	Choosen
Oceano Pacific	multo-pace-oceano	Taipingyang	Taiheiyoo
Oceano Atlantic	grande-west-oceano	Daxiyang	Taiselyoo
museo	extensive-cosa-sala	bowuguan	hakubutsukan
biblioteca	libro-sala	tushuguan	toshokan
banca	argento-interprisa	yinhang	ginkoo
parco	public-jardin	gongyuan	kooen
paisage	montania-aqua	shanshui	sansui
iceberg	glacie-montania	bingshan	hyoozan
vulcano	foco-montania	huoshan	kazan
typhon, huracan	grande-vento	dafeng	taifu, ookaze
flocco de nive	nive-flor	xuehua	sekka
scintilla	foco-flor	huohua	hibana
perfumo	fragrante-aqua	xiangshui	koosui
metropolitano	terra-sub-ferro-cammino	dixiatiedao	chikatetsudoo
tram	electric-vehiculo	dianche	densha
estraniero	foras-pais-persona	waiguoren	gaikokujin
carpentero/eria	ligno-labor	mugong	mokkoo

pedon	vader-persona	xingren	koojin
negro	nigre-persona	heiren	kokujin
parapluvia	pluvia-parasol	yusan	amagasa
impermeabile	pluvia-vestimento	yuyi	ui (anque reinkoot, del anglese)
stilo	plumbo-pincel	qianbi	empitsu
telescopio	vider-distante-lente	wangyuanjing	boenkyoo
berillos	oculo-lente	yanjing	megane, gankyoo
a vostre sanitate!	sicca-vitro	ganbei	kampai
scientia	curso-studio	kexue	kagaku
philosophia	sagessa-studio	zhexue	tetsugaku
physica	cosa-veritate-studio	wulixue	butsurigaku
chimia	transforma-studio	huaxue	kagaku
biologia	vita-cosa-studio	shengwuxue	seibutsugaku
universitate	grande-studio	daxue	daigaku
electron/ic	electricitate-semine	dianzi	denshi
telephono	electric-parlar	dianhua	denwa
batteria	electricitate-stagno	dianchi	denchi
voltimetro	electricitate-pression-marca	dianyabiao	denatsuhyoo
sphygmo-manometro	sanguine-pression-contator	xueyaji	ketsuatsukei
platino	blanc-auro	baijin	hakkin
mercurio	aqua-argento	shuiyin	suigin
vapor	gas, vapor	qi	ki
methano	palude-gas	zhaoqi	shooki
acido sulfuric	sulfure-acido	liusuan	ryuusan
magazin	mixte-documento	zazhi	zasshi
(un jornal japonese)	matino-die-nove-audir	Zhaori Xinwen	Asahi Shimbun

Parolas scripte con differente kanji in le duo linguas

Signification	Chinese	Japonese
glaciero	bingchuan (glacie-fluvio)	hyooga (glacie-fluvio)
bicycletta	zixingche (ipse-vader-vehiculo)	jitensha (ipse-revolver-vehiculo)
automobile	xiaoqiche (parve-vapor-vehiculo)	jidoosha (ipse-mover-vehiculo)
aeroplano, avion	feiji (volar-machina)	hikooki (volar-vader-machina)

cinema	dianyingyuan (electric-imagine-corte)	eigakan (projectar-pictura-sala)
refrigerator	dianbingxiang (electric-glacie-cassa)	reizooko (frigide-mantener-deposito)
oxygeno	yangqi (sustener-gas)	sanso (acido-elemento)
cheque	zhipiao (pagar-billet)	kogitte (parve-trencho-mano)

Parolas pro le quales le chinese emplea kanji e le japonese imita le pronunciation occidental (anglese) in katakana

Signification	Chinese	Japonese
butyro	niuyou (vacca-grassia), huangyou (jalne-grassia)	bataa
gasolina	qiyou (gas-oleo)	gasorin
cigaretta	xiangyan (fragrante-fumo)	tabako
rocchetta	huojian (foco-sagita)	roketta
transistor	jingtiguan (crystallo-substantia-tubo)	toranjisutaa
computator	jisuanji (mesurar-calcular-machina)	kompyuutaa (anque keisansha, mesurar-calcular-agente)
television	dianshi (electric-vider)	terebijon, terebi
ascensor	dianti (electric-scala)	erebeetaa
metro	gonchi (public-longor-unitate)	meetoru
machina a scriber	daziji (batter-littera-machina)	taipuraitaa
exopero	bagong (cessar-labor)	sutoraiki
cheque de viagiator	luxing zhipiao (viagiator-vader-pagar billet)	toraberaa chekku

Parolas pro le quales ambe linguas tenta de imitar le pronunciation occidental

Signification	Chinese	Japonese
brandy	bailandi	burandee
champagne	xiangbinjiu	shampan
gelato	bing (glacie) qilin	aisukuriimu
aspirina	asipilin	asupirin
radar	leida	reedaa

Le grammaticas chinese e japonese

Un tracto que Interlingua possede in commun con ambe linguas oriental es simplicitate del grammatica. Ambes non ha generes grammatic: il ha nulle problema de generes masculin, feminin, o neutre. In ambes il non es obligatori indicar le plural de substantivos, ben que il existe medios pro indicar le plural si on vole emphasisar lo. Le substantivos e pronomines non ha casos grammatic. Isto es toto ver in le chinese, in le qual le pronomine 'wo' significa e 'io' e 'me' e 'a me' (ben que 'wo de' es 'mi'). Le situation es un pauc minus facile in le japonese, ubi le casos es indicate per postpositiones, que functiona como prepositiones ma veni *post* le substantivos e pronomines. De omne modo, il non existe casos grammatic e lor irregularitates in le stilo de nostre linguas de controlo germano e russo.

Le verbo chinese ha flexiones ni pro personas ni pro tempores e aspectos. (On pote conjecturar que iste simplicitate es connexe con le scriptura solo in kanji e le manco de un alphabeto o syllabario in le qual on poterea scriber flexiones.) Si on vole emphasisar le aspecto o tempore, on emplea un parola, un kanji, separate. Le particula "le", per exemplo, indica un action completate. Le passato e le futuro se indica, quando necessari, per un expression adverbial, como "heri" o "le anno passate" o "deman" o "le proxime anno". Multe verbos in chinese non es clarmente demarcate del correspondente substantivo o adjectivo, que se scribe per le mesme kanji. (Le situation es analoge con multe parolas anglese.)

Le verbo japonese, in contrasto, ha assatis de inflexiones, differente grados de cortesia, etc., ma quasi nulle del *irregularitates* del verbo in le linguas de controlo de Interlingua.

E in chinese e in japonese le nomines del menses es multo facile a rememorar – non januario, februario, etc., ma un-mense (litteralmente un-luna), duo-mense, usque dece-duo mense. Le dies del septimana es in chinese septimana-un (plus litteralmente stella-periodo-un), septimana-duo, usque septimana-sex; dominica, per exception, es septimana-sol (die del sol). Anque in japonese, dominica es sol-die; le alteres es luna-die, foco-die, aqua-die, ligno-die, auro-die, e terra-die.

Le numeros ipse pote esser plus facile in chinese e japonese que in le linguas de controlo de Interlingua. (Io dice "ipse" e "pote esser" in loco del franc parola "es" proque il ha, specialmente in japonese, systemas parallel pro contar; e in ambe linguas, como anque in anglese in minor grado, il ha le complication de contar con varie particulas classificatori.) Le systema basic de numeros es in effecto illo de Esperanto. Assi, on conta non solo dece-un usque dece-novem ma anque duo-dece (in loco de vinti), tres-dece (in loco de trenta), etc., usque novem-dece-novem (in loco de novanta-novem).

Le chinese e le japonese ha un parola, le mesme kanji in ambe linguas, pro transformar numeros cardinal in numeros ordinal (ben que isto non es le sol methodo pro exprimer ordinales). Assi, in loco de prime (visita), secunde (visita), etc., on pote dicer numero-un e numero-duo (visita). Anque le fractiones es plus simple in le duo linguas que in Interlingua.

Implicationes

Que implicationes debe on traher ex tal exemplos de simplicitate grammatic, specialmente in le chinese, e simplicitate de certe aspectos del vocabulario? Non que on debe ora modificar Interlingua in le mesme direction. Nos sape ex le historia de linguas auxiliar que un del plus grande periculos e plus ample fontes de querelas es le ingeniositate. Il es tanto facile pensar a nove linguistic tractos ingeniose o habile e a rationes (como precedentes in linguas natural) pro introducer iste tractos in su favorite lingua auxiliar.

Alora, io repudia omne projecto pro introducer ora tractos chinese o japonese in Interlingua. Ma possibilemente nos pote citar iste linguas pro repulsar propositiones, le quales occurre de tempore in tempore, pro introducer in Interlingua certe complicationes supponite justificate per lor naturalitate. (Per exemplo, Sr. K. Wilgenhof, in su *Notas Mixte* de 1989 januario, scribe con approbation del numeros undece, duodece, tredece, quattordece, quindece, e sedece, que occurre, certo, in le IED como formas parallel; e ille suggere anque le formas septendece, octodece, e novendece. Si le numeros se considera ancora discutibile, io preferea le proposition in le senso opposite de tolerar le formas duo-dece usque novem-dece-novem in parallel con le formas vinti usque novanta-novem.)

Ben que Interlingua non pote prender su vocabulario impartialmente ab omne linguas del mundo, nos pote citar, in nostre propaganda, certe parallelos grammatic inter Interlingua e le duo grande linguas oriental. Le simplicitate grammatic de Interlingua non es tanto contra le natura que on poterea allegar. In omne caso, quando nos tenta responder a certe objectiones, como al objection de ethnocentrismo exprimite per Mencken e McDavid, il forsan essera utile tener in mente le factos relevante del linguas chinese e japonese.

Obras empleate

Chen, Janey, *A Practical English-Chinese Pronouncing Dictionary*, Rutland, Vermont, & Tokyo, Japan, 1970, 11e tirage, 1986.

Chi Wen-shun, con le adjuta de alteres, *Chinese-English Dictionary of Contemporary Usage*, Berkeley, Los Angeles, & London: University of California Press, 1977.

DeFrancis, John, *The Chinese Language: Fact and Fantasy*, Honolulu, University of Hawaii Press, 1984.

Egerod, Soren Christian, "Sino-Tibetan Languages", *Encyclopaedia Britannica*, 15e ed., Chicago: Encyclopaedia Britannica, 1981, vol. 16, pp. 796-806.

Fodor, István e Claude Hagège, redactores, *Language Reform*, tres tomos, Hamburg: Buske Verlag, 1983, 1983, 1984.

Gerr, Stanley, *Japonese-Chinese-English Dictionary of Aeronautical and Meteorological Terms*, New York: Stechert, 1945.

International Auxiliary Language Association, *Interlingua-English: A Dictionary of the International Language*, New York: Ungar, ca. 1951.

Liang Shih-chiu e alteres, redactores, *A New Practical Chinese-English Dictionary*, Taipei: Far East Book Co., 1972.

Mencken, H. L., *The American Language*, edition abbreviate in un tomo con annotationes e nove materia per Raven I. McDavid, Jr., redactor, New York: Knopf, 1986.

Von Mises, Ludwig, *Nation, State, and Economy*, traducite ab le germano de 1919 per Leland B. Yeager, New York: New York University Press, 1983.

Nelson, Andrew N., *The Modern Reader's Japanese-English Character Dictionary*, edition revidite, Rutland, Vermont, & Tokyo, Japan: Tuttle, 1966, 7e tirage, 1971.

Newnham, Richard, *About Chinese*, Harmondsworth: Penguin, 1971, reimpression 1980.

The Straits Times, *Fun With Chinese Characters*, Singapore: Federal Publications, 1980, tirage de 1983.

K. Wilgenhof, "Numerales", *Notas Mixte*, folio 5, 1989 januario.

Wu Jingron, redactor principal, *The Pinyin Chinese-English Dictionary*, Hong Kong, etc.: Commercial Press, 1979.

... e altere textos, dictionarios, e libros de phrases del chinese e japonese.